U0537073

2009

ZHONGGUO MINYING SHUYE FAZHAN YANJIU BAOGAO

2009 中国民营书业发展研究报告

国有民营合作状况调查

GUOYOU MINYING HEZUO ZHUANGKUANG DIAOCHA

郝振省 / 主编

魏玉山 / 副主编

图书在版编目（CIP）数据

2009中国民营书业发展研究报告：国有民营合作状况调查/郝振省主编．—北京：中国书籍出版社，2010.6
ISBN 978-7-5068-2115-5

Ⅰ.①2… Ⅱ.①郝… Ⅲ.①私营经济-书店-经济发展-研究报告-中国-2009 Ⅳ.①G239.2

中国版本图书馆CIP数据核字（2010）第098328号

责任编辑／庞　元
责任印制／熊　力
封面设计／周周设计局
出版发行／中国书籍出版社
地　　址：北京市丰台区三路居路97号（邮编：100073）
电　　话：(010)52257142(总编室)　(010)52257154(发行部)
电子邮箱：chinabp@vip.sina.com
经　　销／全国新华书店
印　　刷／北京温林源印刷有限公司
开　　本／720毫米×1000毫米　1/16
印　　张／14.25
字　　数／230千字
版　　次／2010年11月第1版　2010年11月第1次印刷
定　　价／34.00元

《2009 中国民营书业发展研究报告》课题组及撰稿人名单

主　　编：郝振省

副 主 编：魏玉山

执行组长：鲍　红

撰 稿 人：鲍　红　张守礼　刘伟见　吴妍妍

娜　拉　李　松　朱　鹰　冯　祺

依然前进中的民营书业

（代序）

魏玉山

2009年虽然已经过去了，但是对2009年中国民营书业的认识依然难以达成共识。喜悦者说，中国民营书业迎来了又一个春天；忧患者说，中国出版业再次出现了“国进民退”。可见，要对2009年中国民营书业的发展态势作出一个完整的概括是相当的困难。但是，梳理2009年中国民营书业走过的历程，我们发现，每一种说法都有它存在的基础，每一种说法都有其提出的逻辑。

我想说，对于中国民营书业，并且不仅仅是民营书业，希望与失望并存是一种常态，进与退交织在一起是事物发展的规律；但我相信，希望总会大于失望，退一步是为了进两步，中国民营书业依然在前进。

2009年对中国民营书业来说，是喜悦的一年：4月，新闻出版总署颁布了《关于进一步推进新闻出版体制改革的指导意见》（以下简称《指导意见》），《指导意见》的第14条提出：引导非公有出版工作室健康发展，发展新兴出版生产力。按照《国务院关于非公有资本进入文化产业的若干决定》（国发〔2005〕10号），鼓励和支持非公有资本以多种形式进入政策许可的领域。按照积极引导，择优整合，加强管理，规范运作的原则，将非公有出版工作室作为新闻出版产业的重要组成部分，纳入行业规划和管理，引导和规范非公有出版工作室的经营行为。积极探索非公有出版工作室参与出版的通道问题，开展国有民营联合运作的试点工作，逐步做到在特定的出版资源配置平台上，为非公有出版工作室在图书策划、组稿、编辑等方面提供服务。鼓励国有出版企业在确保导向正确和国有资本主导地位的前提下，与非公有出版工作室进行资本、项目等多种形式的合作，为非公有出版工作室搭建发展平台。

《指导意见》的出台，被民营书业视为“春天”到来的重要信号：民营出版工作室不仅政治上合法，而且还是新兴的文化生产力；不仅不再限制其存在，而且还要为其发展搭建平台。

按照出版流程，民营书业可以分为从事图书选题策划与编辑出版的文化工作室、从事图书印制的民营企业、从事图书发行的民营发行企业，以及其他服务企业。其中，发行企业与印制企业已经得到了合法的身份，只有文化工作室因其处在出版流程的前端，与意识形态关联最紧，而迟迟得不到认可。在此之前，政府文件中如果提及，多是与问题一同出现，是作为制度的破坏者和对立面需要规范的对象。《指导意见》从政治上认可了文化工作室，是具有里程碑意义的。尽管有人对文件的操作性还有疑虑，但仅就政治认可而言，认为民营书业迎来了春天也不为过。《指导意见》的出台，是思想解放的一大进步，是对出版规律认识的一大进步。

这种喜悦，不仅仅来自政治上的认可，还来自国有出版单位的认可。《指导意见》出台以后，国有出版单位纷纷主动与民营出版工作室接洽，探求合作方式。据某民营公司介绍，他们曾经在一个月内接待了数批来自全国各地的出版社考察团，前来商谈合作事宜。并且，也是在2009年，全国最大的出版集团之一凤凰出版传媒集团与民营文化公司合作成立公司，中南出版传媒集团等也与民营文化公司牵手。

这种喜悦，还不仅仅来自政治上的认可，更有来自市场的认可。在畅销书，尤其是大众传播度最广的畅销书领域，民营图书和带有民营色彩的出版物起码占据了90%的市场份额。以2009年各类畅销书排行榜为例，在文学领域，《小团圆》、《杜拉拉升职记》、《盗墓笔记》、《藏地密码》、《风声》、《做单》、《浮沉》等均为民营出版公司出品；在历史领域，畅销书排行榜前8位的《明朝那些事儿》（1~7）和《历史是个什么玩意儿》，也都是民营出版公司策划的；在大众健康领域、漫画领域、时政领域、青春文学领域的畅销书背后，更多有民营出版公司的身影。（参见沈浩波《中国民营出版，春天还是噩梦?》）据某网上书店介绍，2009年，在他们书店销售量最大的单位前三名都是民营文化公司的图书。

2009年，对中国民营书业来说，也是艰难发展的一年，这种艰难主要表现在民营书店的发展上。从2008年开始，陆续有数家全国知名的民营书店停业，如明君书店、第三极书局等，不知名的小民营书店停业的则更多。不仅如此，从2009年5月召开的第六届中国民营书业高峰论坛上，也传递出艰难的信息，一些多年来一直参加民营书业论坛的老朋友由于经营状况不佳没有前来开会，据说有的还转向其他行业了。其实，从民营书店出现的窘况可以看出整个图书发行行业的不景气。一些地方的国有新华书店，虽然没有停业，但是出现转业的现象也不少。据报道，北方某省会城市的新华书店，位于城市中心黄金区位的图书大厦，虽然冠以图书之名，却只有部分楼层用来售卖图书和音像产品，而作为卖场黄金位置的一层和其他楼层的主要柜台都改卖电子产品和药品。在中小城市，新华书店出租店面的也并不罕见。据新闻出版总署的统计，2008年，全国图书发行网点数量比上一年减少了3.59%，其中国有书店和国有网点与上一年相比减少了3.95%，其比例高于总体；2009年的统计还没有出来，但是预计不会逆转。大型国有新华书店选择了继续坚守，是其要承担更多社会责任的要求。

其实，书店的艰难不仅是在中国，2009年11月中旬，英国鲍德斯旗下的45家门店全部进入清仓处理状态，鲍德斯是英国第三大连锁书店，占英国图书市场5%的份额。2009年底，加拿大的麦克纳利·罗宾逊书店进入破产保护程序，这家加拿大最大的独立书店拥有4个大型店面，属于“迷你连锁”店，它将关闭在多伦多和温尼伯新开的两家店。

传统的实体书店的生存面临严峻的挑战。怎么办？道路可能有三条。一是任其自由发展，接受所谓的市场选择，这似乎符合自由市场经济的逻辑。二是进行干预，法国政府不仅为中小书店提供资金支持，还为一些具有文化气息的书店授予了“独立书店榜样”的标志，以保护文化的多样性。三是书店自身的调整，以寻求生存之道。如果可以，我希望我们走中间的道路，政府拿出一定的资金，对中小特色书店进行补贴，因为这些特色书店存在的价值在于文化更甚于商业。

改革开放以来的民营书业，曾经在政策的夹缝中生存，在市场的夹缝中发展；现在，政策上的通道已经在不断拓宽，市场上的竞争却更加激烈。过去生存需要的是勇气与胆量，现在发展更需要的是智慧。

（作者系中国出版科学研究所副所长）

目　录

主报告

随着时间的推移，双轨制的不利、消极影响日益显现。双轨制是一种冲突型的双重体制，新旧体制胶着对峙，相互摩擦，以及双重体制下存在的诸多漏洞，在相当程度上影响产业的高效率。而且，竞争的结果并未必然使资源从低效率制度流向高效率制度，政府和国有企业仍然是稀缺经济资源的主要支配者。双轨并存的局面久拖不决，必然引起经济生活的混乱，甚至改革的夭折。

案例调查

中国的民营企业，包括民营书业企业，九死一生，后面已经倒掉了上万家，我们看到的这些留下来的绝对是有竞争力的。但是500多家国有出版社，没一家因为经营不善而破产的，根本没有退出机制。如果民营企业有个好的政策的话，大概三年之内，赶上国有是没有问题的。它的成长性超过我们的想象。我们来民营企业之前也在怀疑，但干过民营企业的，让回国有企业，都不愿意回去了，主要是想做点事。当然，回去养老是不错的。

取长补短的合作是国有与民营双方共同的诉求所在。获得资金扩充现金流，取得安全的身份，搭上国有出版机构上市的顺风车让民营文化公司的资产成为原始股，是合作对于民营的诱惑；而吸纳优秀的民营文化公司为国有出版机构增加新的经济增长点，是国有想要做大盘子的选择。

正常来说，企业应该交增值税。民营教辅公司实质上是一家生产企业，应该把销售款项减去生产成本，进行抵扣交税。但按流通企业的标准，纸张、印刷款就不属于他们业务范围，是不能抵扣的。如果这样的话，民营公司的税赋就非常大。于是有人开始用纸张费、印刷费去税务局抵扣。税务局不知道出版行业的具体规定，是认可抵扣的，等于默认了这些公司是一个生产性企业。于是越来越多的公司开始效仿。做是做了，但这种错位是每个民营书业老总的一块心病，只能做，不能说。

选择什么样的出版社合作，对于民营公司也存在两难。如果想要更多更好的条件，除非面对的是弱势出版社，而弱势的出版社，又无法提供可靠的服务给自己。与强势的出版社合作，对民营的品牌会是一个提升和促进，但对方的要求又会比较高。

以现在的合作模式，最后绝大多数都是出版社失败。因为你的理念比他落后，你的办法没有他多，投入的人员不够……最后走着走着，你会发现所有有竞争力的东西都在别人手里。出版社如果不使劲，在机制改革上不花大力气，再往后走几年就会非常困难，因为市场的门槛会越来越高。

分析探讨

毫无疑问的是，在目前的体制下，即使有新的合作模式的产生——比如出版社参股民营出版公司，或者两者共同注册成立公司——书号始终是出版社的独有资源。这就注定了国有民营合作政策地位的不对等。不对等的合作存在着诸多的复杂因素，由此，很多民营出版公司对合作采取观望态度也就可以理解了。

国有出版单位的先天优势，一是来自于“审批制”的垄断出版资源，二是单一所有制之下积累起来的品牌优势、资源优势和市场优势等，这是民营企业所无法比拟的。但与此同时，困扰着国有出版社发展的根源，也正是他们最引以为豪的“国有”身份：出资者单一，而且出资人却处于“虚拟”状态。由于所有者的缺位带来的责、权、利不明晰，大多数出版社人浮于事、效率低下、矛盾重重、行为短视；只有小部分出版社真正利用好了先天优势，并积极创新体制机制，成为行业的翘楚。

倡导国有民营合作，对于维持国有主导、扩大民营参与是不错的选择，但从出版业长远发展的角度和实际推进案例来看，效果则未必好。原因在于这种模式有着先天的缺陷和无法克服的内在矛盾：第一，在民营没有真正的主体地位的情况下，任何合作都是很难平等的，不对等的“婚姻”是不会幸福也不会持久的，多半会是“一场游戏一场梦”；第二，只抓大（以做大做强国有出版社为主旋律）、不放小（开放民营）的模式难以建立一个良好的产业生态系统，更容易导致行政主导的“物理打捆式”重组，结果是只大不强和资源错配。

访谈笔记

按血统论是没有道理的，应该还客观规律以本来面目，让真正有素质的人来做真正的事，并有程序保证。估计中国新生的真正的出版家就产生于经过市场搏击的人当中。

总之，我们需要解决三个问题：一是如何给体制外的职业化出版力量以合法地位；二是如何使中国出版业的资源实现良性配置，促进健康的市场竞争；三是如何消除党和政府的担心和顾虑。

附　录

主报告

国有民营合作状况调查报告

鲍　红

首先，破题。

这里所说的国有民营合作，是指目前政策环境下，民营公司为从事图书出版活动与国有出版社开展的各种合作。

民营出版在新中国成立之初曾经是我国出版业的主体。1950 年，大陆共有图书出版社 211 家，其中民营出版公司 184 家，占总体的 87%。之后，我国参照前苏联的出版管理模式，对私营出版业进行调整和改造。1956 年 6 月，对私营出版业、发行业、印刷业的社会主义改造基本完成，仅有少部分民营资本以股份的形式留存在公私合营的出版社内，只参加分红而不参加管理。1957 年以后，随着一系列政治运动的开展，这些“资本家”陆续退出。到“文化大革命”前，出版业已成为单一的公有制形态。

1978 年党的十一届三中全会召开，确立了改革开放的政策，民营经济重新获得发展。30 年来，图书出版中的印刷环节已经放开，发行环节也先后放开了零售、批发和总发权。但出版环节一直有严格的准入限制，出版社设立须有部级或司局级以上主管，而且须符合“总量控制，布局合理”的原则。截至 2009 年底，我国批准的出版社不过 580 家（含副牌社）。国有出版社是法定的出版主体，1987 年国务院在通知中明确规定，除国家批准的出版单位外，任何单位和个人不得出版在社会上公开发行的图书、报刊和音像出版物，违者属非法出版活动。

出版环节虽然没有开放，但国有出版社无法满足巨大的市场需求，于是民营文化公司应运而生。他们沿着市场与政策的空隙不断成长，目前已经撑起出版业的半边天。

但民营公司一直没有合法的出版资质，要想从事出版活动，必须与国有出版社进行合作。而国有出版社也乐于利用这块丰富的社会资源，有的甚至依赖与民营公司的合作，目前绝大多数出版社与民营公司都有不同程度的合作。

一、 国有民营生存状态

我们先了解一下国有出版社和民营出版公司的生存现状，这是双方合作的背景。

（一） 国有出版社的生存状态

国有出版社是经国家正式审批赋予出版权的法定出版单位，他们享有许多民营公司遥不可及的优势。

首先是拥有较多的政策资源。除了拥有象征出版权的书号外，还有税收优惠，以及国家和地方的保护，如教材的出版与租型、各种政府项目出版，有的地方还将多销本版书作为考核当地新华书店的重要指标。其次，出版社的正式员工是国家事业身份，解决户口、编制，有较好的福利保障（如医疗，甚至包括子女的医疗，早年还有分房），有优越的退休政策（以事业身份退休养老金是企业的2～3倍）。

国有出版的主业利润来源，总体而言，可以分为六部分：一是各种教材，二是系统教辅，三是与民营公司合作出版，四是党政用书与政府项目，五是自带经费的出版，六是自主策划的一般图书。

教材出版可分为高等教材、职业教材、系统教材、中小学教材、幼儿园教材。中国教材市场基本为国有出版社独占，教材利润约占国有出版单位利润的50%以上（部分出版社可达到90%以上甚至100%）。教材既有自主研发，也有政府指定，其中有优秀之作，但联编联用的问题也比较突出。教材中利润最大的一块是中小学教材，多由人教社研发，各地出版社租型，虽然利润巨大，但各地没有创新。在各个省市，仅教材租型利润就达数千万元甚至过亿元，这些是出版社的主要利润来源。

系统教辅主要来源于地方保护，目前出版社基本退出了竞争激烈的市场化教辅，主要是通过教委或新华书店目录征订。据行业估计，系统教辅占国有出版单位利润的20%～30%。在一些省份，就是每个出版社分包一定区域的教辅，基本保证人手一套。不需市场竞争，却能利润可观。

与民营公司的合作出版，一种是书号合作，另一种是各种形式的合作出版。我国活跃着数千家民营文化公司，都要经过出版社这道关，他们与出版社展开的各种合作，正是本书下文研究的重点。

党政用书与政府项目，包括政府工作报告及各种党的学习文件，还有国家或地方支持的出版项目。比如某地方出版集团的“四库全书”，中央拨款2 000万，地方又配套6 000万。××出版集团的“××文库”，预计出版经费1个亿，前期拨款就达4 500万。近年来一些出版集团的数字出版项目，也得到不少政府资金的支持。

自费出版即是作者自带经费的出版，大体可分为三类，一是学校或科研院所自带经费的出版，多有课题经费支持；二是各级政府或地方志的出版，经费由地方政府支出；三是社会上大量个人的自助出版，就是个人出钱或包销图书。

出版社自主策划的一般图书有两类：一类主要是用于政府评奖，基本不走市场；另一类用于市场零售，是真正面向大众读者的出版。

如果按各板块的利润贡献来算，教材教辅利润约占70%～80%左右的比例，其次党政用书、政府项目、合作出版、自费出版也占一定比例，真正自主策划的一般书利润是比较少的。能够通过一般书赚钱的，是少数选题能力较强、运营机制较好的出版社，多数出版社自主策划的一般书是不赚甚至赔钱的，以至一家出版社的财务对编辑说：“你们不策划本版书就是对出版社的最大贡献。”

当然，具体到每家出版社，利润结构是不一样的。

生存较好的出版社，可以分为两类：一类是能力型的，一类是资源型的。

所谓能力型，就是虽有一定的政策资源，但同时自身策划能力也比较强，经营管理机制比较好。他们有的是有自主研发的优秀教材，如外研社、北师大社；有的是通过与民营公司合作，逐渐完善了社内的竞争机制，如机工社、清华大学社。总体来说，他们基本都有各种教材或系统教辅的丰厚利润作支撑，教育出版利润基本占其总利润的50%以上。只有极少数是完全在一般书市场树立起自己的品牌，如中信出版社。总体来说，能力型的出版社是少数，约占570余家出版社的1/10。

所谓资源型，就是自身策划能力和经营机制一般，但资源丰厚，许多有教材租型、系统教材和系统教辅的出版社就属于这一类。许多有教材租型的出版社，年利润都在数千万。有系统教材和教辅的出版社也不必费很大力气，但利润非常可观。总之，这类出版社活得很好，很轻松，但严重依赖政策资源。

还有的出版社是政策资源不多，自身创造和机制也平平，甚至很落后，其利润主要来源于系统教辅、合作出版（或买卖书号），以及自带经费的出版。有利润，但也不大，吃不饱，也饿不死，他们是出版行业金字塔的庞大底座。尤其是地方出版集团化以后，许多集团将分散在各社的教材甚至成熟的教辅收归集团，越来越多的出版社沦落到这个底座。

近些年来，政府主管对大社强社资源倾斜，对优秀出版社不限书号，也在加速出版社的分化。大社强社一面在资源倾斜中壮大，可以吸纳更多的社会资源，一面又能以更强的实力向社会抬高合作门槛，民营合作者和自费出版者要付出更多的代价。以××出版集团为例，年出版品种达8 000多，50%的品种和利润来源于自带经费的出版，20%是与民营公司的合作出版。

出版社有较多的政策资源，有以国家为后盾的信誉担保，有多年积淀的专业人才，有多年完善的规章制度，图书编校更为严谨，员工队伍较为稳定，经营运作也比较规范。但同时也受到一些制约，自身能力较强的出版社感到发展受到制约，有力气无处使；而经营水平再差的出版社，也能靠书号合作、自费出版活下去。

出版社领导来自上级主管单位的任命，多是做官的思维，以稳定或不出事为首要目标。许多委派的领导不熟悉出版，制定的考核办法不符合出版规律。有的才熟悉业务又被调走，出版政策常随人变化。还有的领导甚至只是来出版社过渡级别（出版社社长是局处级），一家出版社7年换了5任社长，极大影响了出版业务的正常开展。这种现象普遍存在，以致李朋义在谈及外研社快速发展的成功经验时，半开玩笑地归功于主管单位“放水养鱼，不换社长”，道出了一半的实情。

许多出版社更像个机关，生死不取决于市场，也造成机制落后，效率低下，激励不足，压力也不大。有人将其比喻为家雀，国家提供了鸟舍、饲料，它们更守规矩，但没自己找食吃的能力和动力。员工是国家事业身份，出版社无权解聘，大家干多干少收入差别不大。

近年来，为了降低成本，提高效率，许多出版社开始大量聘用员工。聘用员工与正式员工的比例，有的达到1∶1，甚至更多。但除少数市场机制比较好的出版社基本做到公正待遇外，多数出版社内，聘用员工干得很多，但收入很少，在发展上也很受制约。某出版集团更是将员工分为5级，一是集团在编，二是各社在编，三是集团聘用，四是各社聘用……后三级做的多但得的少，前两级做的少得的多。

（二）民营公司的生存状态

民营出版公司的状态是产业内，体制外。他们几乎没有任何政策资源，他们存在的唯一理由就是市场。虽然有极少数民营公司也得到当地政府的支持，但与国有出版不可同日而语。

他们所从事的领域，多是市场竞争较为激烈的领域，比如市场化教辅和大众出版领域，或更具创新精神的领域，如点读图书和数字出版。

教辅出版种类繁多，涵盖大学、中学、小学、职业教育、出国等各个层次和领域。大学如星火英语，出国如新东方教育。尤其是在中小学领域，由于学生人数众多，市场巨大，这一领域的教辅公司也规模最大，实力最强，经过多年市场打磨，目前已经形成许多较为稳定的企业品牌与产品品牌，如志鸿教育集团的“优化设计”、金星国际教育集团的“教材全解”、曲一线的“五三金典”、兴德荣业的“点拨”、万向思维的“倍速学习”、金榜苑的“创新设计”，等等。

由于教材有严格的政策审批，民营公司极少有机会进入，只有一些零星的火花。如梁晶工作室、闻洁工作室和华章公司通过与出版社合作，引进了许多国外经典经济学教材。中小学教材领域，仁爱教育成为第一家被教育部批准、拥有部分教材编写资格的民营机构。在政策限制较少的二级教材领域（即除国家统一教材之外的专题教材或地方教材），也有不少民营公司介入。在幼儿园教材领域，民营公司开发的教材约占

60% 以上的份额。此外，还有致力于公务员教材的中公和华图，职业教材的华腾等。

大众出版包括少儿、文艺、财经、生活等板块，是民营公司最为活跃的领域，也是市场化最高的领域。虽然出版社有很多品种，但多数有竞争力的图书是民营公司策划的。在各个书店里，民营公司产品品种相对少，但销量很大。在当当网上书店 2009 年盘点中，当年销售超过 1 000 万的出版商中，前 3 名均是民营公司；年销售 30 万册以上的图书有 3 本，其中 2 本是民营公司策划的。行业人士推算，各大书城畅销书榜单上，大部分也出自民营之手。

在少儿出版领域，民营公司的产品约占 60% 以上的份额。海豚、同源、漫友、大苹果、小雨明天的少儿书，已经占有一定的市场；亿童、奕阳、冬雪的幼儿教材，也有一定的份额；新经典、启发、信谊的绘本，在业界也颇有口碑。民营公司的产品多，引进多，在制作、营销上都属上乘；但原创较少，不利于企业品牌的树立。

民营公司从事的多是竞争较为激烈的领域。

在文艺出版领域，有选品精良的时代新经典、共和联动、博集天卷、华文天下，还有以青春文学见长的磨铁、读客、柯艾、万榕等。

在生活类图书领域，有出精品图书的光明书架、上海青鸟，还有一批商超供应商，以唐码、日知、创世卓越为代表。前几年，人们对后者颇有非议，但从目前来看，他们应该是图书业的增量。

在财经出版领域，有在引进版市场风生水起的华章公司、读书人，以及近几年兴起的湛庐文化、中资海派。在原创市场，较为优秀的有吴晓波率领的蓝狮子，还有图书与培训相结合的时代光华。有专业人士估计，在财管类图书排行榜上，民营公司（含合资公司）的份额占到70%。

在专业出版领域，专注地图出版的天域北斗是一家非常优秀的专业出版商，在地图类一般图书前10名的销售榜单中，有6本就是北斗的。他们还是人教社《地理》教材用图的提供者。在建筑、广告业界，也活跃着一批民营公司，如一石文化、龙之媒……但总体来说，民营专业出版力量仍偏弱。

在新兴的数字出版领域，几乎全是民营资本。无论数字图书、数字期刊，还是原创数字文学、新媒体，几乎都是民营资本开创和主导的。

民营公司的利润来源，基本都是通过市场读者获得的，市场化的利润基本占民营书业利润的95%以上。

具体来说，教育出版板块的利润更好些。在中国，教材是刚性需求，教辅是次刚性需求，与人们的前途命运息息相关，购买力比较稳定。由于中国学生基数较大，教育类公司更容易做大规模，利润也更有保障。第一梯队的教育类公司已经达到10亿以上的规模，第二梯队五六亿规模的更多，年上亿销售码洋的更是数不胜数了。

在大众出版领域，总体起伏较大。因为所需的投资不多，进入门槛较低，这一领域民营图书公司数量最多。大众出版就像农业，分散、即兴、个人化，它的新陈代谢也最为频繁，“江山代有才人出，各领风骚三两年”。许多昔日辉煌一时的图书公司，如今已经风光不再；同时，又总有后来者将图书市场的热点推向另一个高潮。大众图书市场偶然性多，难以积累，许多民营公司销售码洋徘徊在几千万元。近几年来，兴起一批年销售达1~5亿元的民营公司，如凤凰联动、磨铁、时代新经典、博集天卷、华文天下、日知、唐码、海豚、同源等。

专业出版的利润也不错，但民营公司在专业出版领域比较弱小。

民营公司要向出版社租型出版权（书号），练就了更强的市场生存本领。他们的优点，首先是产权明晰，有恒产者有恒心，经营者具有更为充分且持久的积极性和责任心。其次是机制灵活，不拘泥于条条框框，在用人制度和分配制度方面都是市场化，能够根据市场的变化迅速调整经营行为。再次是贴近市场，高效务实。民营公司就是市场经济的产物，许多民营公司负责人常年奔走在市场一线，对读者需求十分敏感。无论新华书店还是民营渠道，对民营出版公司的评价更高，反映他们图书选题较新，能把握读者阅读口味；而且服务好，发货补货非常快。

但因为种种原因，民营公司也存在一些问题，突出地表现在三个方面。一是产品定位偏低，民营公司过多集中于大众出版，盈利性差；教育出版类的民营公司，主要产品是教育出版的低端产品——教辅；专业出版力量薄弱。二是经营管理上，与其他市场开放较早的民营企业相比，民营书业总体业态较低，许多大众出版类公司停留在作坊式的管理，教辅公司则家族制较为突出。三是人才问题上，企业发展严重依赖出资人的经营水平，且内部员工保障不够健全。

民营公司整体生存在一个完全竞争、优胜劣汰的商业世界，市场竞争是比较残酷的，30 年来，民营公司已经淘汰了一批又一批。正如一位行业人士所说："中国民营书业，我们看到的都是非常优秀的，你觉得很羡慕，但是你没有看到，他后面已经倒掉了一万家。不像国有出版社，当初成立五百多家，到目前没有一家倒闭的。"

而且，现有政策决定民营公司必须依附于出版社而存在，民营公司很难确立自己的主体地位。这种边缘化的状态也使部分民营公司缺少可见的发展预期，一些人对前途缺少信心，赚到钱不敢再全投入到书业。还有一些民营公司"游击队"心态明显，经营有很强的短期性，甚至产生一些不规范和不负责的行为。

二、合作方式

民营公司要从事出版活动，与国有出版社合作是绕不过的一道坎。多年来，也形成各种各样的合作方式，可以说五花八门，无奇不有。而且，同一家民营公司，可能以多种方式与不同的出版社合作；同一家出版社，也可能采用不同的方式与不同的民营公司合作。

民营公司想要出版图书，与出版社合作是绕不过的一道坎儿。

笔者择其精要，将其大体归纳为三种形式：书号合作、资源合作、资本合作。

（一）书号合作

书号合作按数量大小，可以分为零散交易和数量较大的批量交易，某些挂靠公司也可归于此列。

零散交易是最简单的合作方式，随用随买，好聚好散。目前，规模较大的民营公司基本上过了一号一议的阶段了，这种简单的书号交易在小民营公司和小出版社中操作比较多。

批量交易，不用说，就是将书号打包销售，大量批发的意思。规模较大的民营公司每年出版的品种多，多采取批量交易的方式。较之一号一议，出版社也更乐于这种方式的合作。一般来说，批量交易较之一号一议价格更为便宜。

某些挂靠公司也可归于此列。一些民营公司以某出版社某地分社，或第几编辑室的形式存在，但出版社不出资金，只出书号，这些挂靠的公司或编辑部每年向出版社交纳一定的管理费。

书号费的收取名义，原来是以管理费、书号费、出版补贴等名义打入出版社账户，随着政府对书号管理的加强，后来又以“版税”或“购书款”等名义出现。

所谓“购书款”，就是民营公司以低折购买全部合作出版的图书，购书款除支付纸张、印刷等费用外，还有一定盈余，它就是书号的价格。所谓“版税”，是出版社对合作出版的图书按约定印刷册数的一定比例收取管理费。比如，一本书定价 20 元，按 1 万册的 8% 交管理费，就是 1.6 万元。

进行书号合作的民营公司有两大类。一类是规模较小的公司，或散兵游勇式的书商。他们与出版社就是一种简单交易，通过现金交换书号，具体运作出版社很难监管。另一类则是实力非常强的公司。除了请出版社办理书号，开具委印单和发行委托书外，民营公司自己印刷，自己发行，掌控着出版完整的产业链。这种方式在实力普遍较强的教辅领域极为常见。近年来，一些实力较强的社科类公司也越来越倾向于采用这种方式。除无出版权之外，他们基本相当于一家大中型出版社了。

进行这种合作的出版社，多数是自身竞争力不强，或经营效益不太好。那些品牌好、能力强、效益好的出版社一般不接受这种方式。当然，有时也看具体情况，如果确实物有所值，这种方式也不排除。

合作的后果，对于出版社来说，操作比较简便，不承担任何市场风险，不用费神费力便可坐享其利。但弊病是容易造成出版社的空壳化，使出版社的创意能力进一步丧失。而且，由于出版社对于图书缺少把关，一些民营公司如果审校不严就容易出问题。

对于民营公司而言，这种合作要支付不菲的成本，但可以保证在图书运作中拥有较大的自主权，保证产业链的完整，提高运营效率。采用这种方式后，民营公司就风险自担，收益自享，要面对更大的市场风险，也容易获得更大的销售利润。

（二）资源合作

所谓资源合作，就是民营公司以内容资源和渠道资源置换出版社的书号资源。民营公司不付书号费，而是向出版社出让渠道和市场，让出版社从发行中赚利润。出版社除书号之外，还承担一些别的成本或工作，比如共同投资出版，共分渠道发行等。也就是说，在这种合作中，出版社有实质性作为。

比较常见的资源合作方式有两种。

1. 策划人模式

就是民营负责前端策划与组稿，出版社负责印制与发行。民营的角色是一个策划人，类似于出版社的一个编辑部。这种操作比较典型的有读图时代、湛庐文化、龙之媒、蓝狮子。

各家的利润分成方式不大一样。

有的是拿版税，比如读图时代。读图时代定位于图书内容提供商，专做内容和图片提供及版式设计，每年策划 100 多种图书。读图时代目前与几家出版社合作分别成立编辑室，由读图时代负责组稿、提供图片、排版，直到出片，并支付前期投资费用，出版社负责印刷和全面发行，并支付读图时代 15～18% 的版税。

有的是按一定比例分成，比如龙之媒。龙之媒是国内最大的广告书店，因为广告类图书是个小门类，它同时也是最大的广告图书策划商。原来龙之媒策划的图书是自己投资，每年出版新书 10 余种。2009 年开始，龙之媒与中信出版社达成合作，龙之媒主要做前期策划，从组稿到制作、出片，出片之前的成本及作者的稿费由龙之媒承担，之后交由中信出版社印刷、发行。双方按约定比例进行利润分成。图书全部由中信社销售，龙之媒从中信社采购一部分做零售，这笔账另算，走的

龙之媒与中信出版社的合作是，龙之媒负责前端编辑策划，中信负责出版发行。

是两条体系。出版社给龙之媒是按批发的折扣，比零售略微优惠一点。

也有人将这种方式看成民营公司对出版社的投资，民营公司投资前端编辑、制作，出版社投资后端印制、发行，双方计算各自承担的费用，以确定分成的比例。如果前端费用占15%，后端费用占20%，销售后的利润就按3:4的比例来分成。

采用这种方式的民营公司，一般规模较小，如工作室联盟的许多成员；或有自己专业的定位，如湛庐、蓝狮子；或为规避政策风险，这也是一种保守而现实的选择。它的好处，一是符合出版管理规定，没有政策风险；二是不负责后端发行，市场风险也比较小，利润比较稳定。它的局限，则是只能赚取策划利润，利润相对较少。尤其是如果出版社运营能力有限或发行渠道不畅，自己的收益也会受到影响。

相对而言，出版社更愿意采用这样的方式。一是符合政策规范，二是吸收了优秀的选题资源，三是不用分隔渠道，保证统一市场。只要自己有一定的市场运作能力，都愿意采用这样的合作。特别一些比较强势的出版社，甚至只接受以这种方式与民营公司合作。

2. **分渠道模式**

民营公司出内容资源，出版社出书号资源，民营公司不必付书号费，双方各分渠道进行发行，各方都从发行中赚利润。

这是目前操作较为广泛的一种，也是操作方式最为多样化的一种。每个不同的环节，双方的分工也各有不同。

（1）在印刷环节，要分谁来印。

有的由出版社统一印，有的由民营公司统一印，还有的是各印各的。如果一方统一印，另一方就按成本价或加几个折扣购买发行，社科类的图书一般在32~35折。

按政策规定，图书应由出版社印刷，但因为民营公司效率更高、成本更低，许多情况下是民营公司来印。某民营公司老总打了个比方：“他（出版社）印的话，（每册成本）肯定是5块钱。我来印的话，是3块钱，质量肯定还比他好。他买我的书7块钱，我中间还有利润。”如果出版社从民营方进货，即称为“倒进货”。

（2）在发行方面，要看渠道怎么分。

最常见的划分，是出版社负责发主渠道（新华书店），民营公司负责发二渠道（民营渠道）及其他渠道。这在大众出版领域最为常见。

比较强势的民营公司，则只给出版社出让一部分主渠道。这一部分的范围，从1个省区到一半省区不等。有的6省，还有的10省。只出让一个省市场的民营公司，通常实力非常强大，这种操作几近于买卖书号。

据行业人士说，一般来说，印刷方和发行方所得的利润率相当。“印制的一方得出版利润，销售的一方得发行利润。另一方从印刷方拿货，一般是35折左右，直接印制成本一般在15到20，加上版税大概是7到15，然后再加上一个出版利润，约是8到10个点，加起来差不多35到40。如果按55折发货，获得发行的一方再有10到15个点的发行利润。因为发行有一个仓储运行，一般也是3个点左右，再加上最终的退货和库存，其实打平了以后，出版利润和发行利润基本上一半一半，差不多。”

分渠道发行对于民营公司来说，好处是不用支付书号费，避开买卖书号的嫌疑，同时可以分散风险和压力。当然，也意味着自己要出让一部分市场和利润。民营公司一般负责发民营渠道，但是近几年来，大众出版领域的民营渠道生存环境恶化，面临网上书店低折扣和新华书店连锁经营的双重夹击，生存艰难，这也使主要依赖于民营渠道的上游民营出版公司备感压力。

对于多数出版社来说，也愿意采取这一方式。因为分渠道如果发行得好，利润要大得多；而且还可以提升自己的渠道能力，带动社内其他图书的销售。

但分渠道发行也有明显的弊端。一是造成市场分割，渠道之间互动性不好，通常是民营渠道已经热起来了，新华书店渠道还没反应，不利于营销互动；或这个渠道有货，那个渠道没货，但是不能相互调货，造成最后的总库存较大。二是容易引发窜货，国有民营发行折扣不同，一些批发商或零售商容易窜货，情况严重的话，还会引起上游出版社与民营公司的矛盾甚至反目。

（三）资本合作

按照国家政策规定，非国有资本不能与国有出版社合资注册出版机构，但国有出版社与非国有资本注册合资公司的现象可追溯到20世纪90年代初。

1993年，美籍华人孙立哲创立的（美国）万国集团公司与电子工业出版社合资，成立美迪亚公司，引进出版国外优秀的计算机图书；之后，又与水利水电出版社合资成立万水公司。1995 年 10 月，万国集团公司又与机械工业出版社各投资 25 万美元，注册华章公司。这三家中，尤以华章的发展规模和业界影响最大。当时是打擦边球的例子，由于没有引起政策风险，等于默认了这种存在。

目前，国有民营双方以资源或现金入股成立的股份公司，已经并不鲜见。现在较为典型的案例，有长江出版集团、北方出版集团、启发公司、当代华光公司等，此外，各种项目合资也比较多。

1. 长江出版集团案例

长江出版集团与民营公司的合资，是重新注册一家新公司，新公司作为集团子公司，民营方全身而入。双方都以现金投入，确定双方的股份，无形资产不再作价。但具体到每家，又有所不同。

长江出版集团与金丽红、黎波合作的长江文艺出版社北京图书中心，2003 年开始运作时，是长江文艺出版社投资，金黎以经理人身份加盟。2006 年，他们又注册成立北京长江新世纪文化传媒有限公司。新世纪注册资本 200 万，双方都以现金入股，长江出版集团占 26% 的股份，长江文艺出版社占 20%，金丽红、黎波各占 17%，安波舜占 15%，还有几名创业员工各占 1～2%。金黎的品牌、渠道、资源等无形与有形资产都不作价，无偿交给新公司使用。长江出版集团向北京图书中心派驻一名财务总监。

2005 年 12 月，长江出版集团与国内最大的民营少儿出版商海豚卡通合资成立海豚传媒公司，注册资金 3 600 万元，长江占 51% 的股份，夏顺华占 49%。具体操作是，双方都用现金注资，成立海豚传媒公司。对于原海豚卡通的部分有形资产，比如设备、电脑、办公桌、汽车，以及部分图书与胶片，经会计师事务所审计和评估师事务所评估后，经双方认可，再由新公司来购入。最后，海豚卡通的资产评估约 1 500 万元，也就是说，夏顺华实际只需再

长江出版集团是国有民营合作的先行者。

出几百万。双方的品牌、渠道等无形资产都不作价。海豚卡通的债权债务由原公司自行处理，然后注销老公司。长江出版集团向海豚传媒派驻一名副总，一名策划总监，一名财务总监。

2. 北方出版集团案例

北方出版集团的模式是双方重新注册一家新公司，新公司作为集团子公司，民营方全身而入，国有方出资金，占51%的股份，民营方以资源入股，在新公司占有49%的股份。

2008年，杭州贝榕图书公司总经理路金波率作者团队和运作团队加盟北方出版集团，与其全资子公司万卷达成合资协议。北方出资2 000万元成立万榕书业，万卷占51%的股权，路金波以旗下作者资源和品牌资源入股，占49%的股权。万榕公司设董事会，由万卷委派两人，路金波委派一人。万卷指派董事长，兼为公司法人。路金波出任总经理，兼万卷副总裁。万卷委派副总经理1人，兼财务总监。

合资协议中，路金波承诺所持万榕的股权3年内不得转让，并保证不在万榕之外，以个人名义与第三者签订任何与图书出版、发行等相关业务的协议。路金波保证完成合同规定的3年内营业收入额和利润额，如未能完成规定的年度经营指标，路将从其按股份取得的收益中等额扣除，作为对万卷的补偿。

同时，北方万卷又分别以此方式并购北京智品和邦道图书公司，分别成立智品北京中心和万邦文化公司。

3. 启发公司案例

启发的模式是由民营资本、外资资本、国有资本共同投资，成立一家新公司，民营公司负责经营。

2007年，北京汉霖文化发展中心与台湾麦克股份有限公司、河北教育出版社共同成立启发文化公司，主要出版面向儿童的绘本图书。

台湾麦克有20年的企业经营管理经验，有世界版权贸易的良好信誉度和出版市场规划经验，主要负责出版选题规划与引进。汉霖文化有10多年国内书业的宣传、发行经验，主要负责市场推广宣传，以及渠道建设。河北教育出版社主要是选题把关与终审。三方股东各负其责，取长补短。总经理曲小侠曾在新闻出版管理机关工作过十余年，对国企非常了解，下海之后，与外资打交道也近十年之久，所以在三种资本的对接与合作中做到了较好的沟通与平衡。

4. **当代华光案例**

当代华光的操作是重新注册一家新公司，新公司相对独立，国有出版社相对控股，同时有多家公司参股，民营方全身而入，以职业经理人身份经营企业。

2008 年 5 月，北京当代华光文化传媒有限责任公司成立，它由当代中国出版社控股，福建华闽公司、当代实业公司、金光纸业（中国）投资公司参与投资。华闽公司、金光纸业只作为投资方，不参与具体业务管理。

当代华光的总经理陈非，是原读书人公司的总编辑，读书人曾以成功运作《穷爸爸　富爸爸》和《谁动了我的奶酪?》而声名鹊起。他们认为，短期内出版不会开放，必须与国有出版社合作，但同时注资的还有几家市场化的上市公司，国有出版社相对控股。这样万一决策时发生冲突，可以保证市场化的声音占主导，“当然不能违背政策，那样肯定是政治的声音占主导”。

5. **项目合资案例**

出版社与民营公司为一个项目重新注册一家新公司，股份依据双方商议而定，民营方负责经营，双方母公司依然存在。

这样的案例非常多，这里试举几例。

前几年，可一与吉林出版集团成立注册的新公司，双方共同投资，集团占 51% 的股份，可一占 49%。经营方面由可一全权负责，出版集团监管财务，并对选题提些建议，其他市场运营全部交给民营公司。

人民邮电出版社与新华信成立的普华公司，主要出版经管类图书。双方共同投资，各占 50% 的股份。

2007 年，十月文艺出版社与时代新经典成立的十月传媒公司，主要出版文艺类图书，由出版社控股，时代新经典注资。

这种项目合资与前面几种不同的是，它是在双方母公司之外新成立一家公司，负责运营具体项目，双方母公司继续存在。这种方式灵活性更大，双方有更大的自主权，万一合资项目出现问题，对双方母公司影响并不很大。

6. **××××案例**

在人们为国有收购民营议论纷纷的时候，已有民营公司在预谋收购出版社了。

××××是一家做小学教辅的民营公司，年销售码洋约6亿元。许多教辅出版商认识到，教辅只是现行考试制度下的产物，人们对其多有诟病。许多人已经开始拓展新的出版领域，有的开发少儿市场，有的跟进数字出版、多媒体教学，还有的筹备教材开发。公司也开发了一套多媒体学习产品，用了一家音像出版社的号。按政策要求，音像出版社2009年底必须转制为企业。由于音像出版社实力普遍较弱，这家音像社连转制成本也支付不起，这家公司便帮他垫付这些成本。这样转制之后，这家公司大概能占这家音像社80%的股份。后来音像社又找来几家公司一起合作，但别的公司实力不大，无论怎样这家公司都能占到40%以上的股份，而且所有经营管理层全是公司的人。这样完成改制后，这家音像社基本就被收购了。公司董事长说，如果音像社愿意被收购，就以合资经营的方式收购；如果不愿意，就按音像号的价格给他结款。

此外，国有与民营合资的案例还有很多，比如武汉小熊、华章同人。

小熊图书是家较有潜能的教辅公司，公司与广西接力出版社合资，接力出版社有约15%的股份。负责人熊辉为人极其低调，觉得这种合作方式比较稳定，没有那么多麻烦。

华章同人原是民营策划人石涛创办的公司，后来被重庆出版社收购，石涛占10%的股份。2006年石涛去职赴卓越网，将自己的股份全部卖给重庆出版社，华章同人成为重庆社的全资子公司。

除了国有与民营之间的合资，近几年来，国有与国有的合资并购，民营与民营的合资并购的案例也非常多。

2006年江西出版集团并购和平出版社，是较早的国有与国有并购的案例。

国有与国有的合资并购，如2006年江西出版集团并购和平出版社，2008年吉林出版集团并购工商联合出版社，2009年语言文化大学并购一家音像社，中国出版集团并购宁夏人民社，等等。此外，主营期刊的知音传媒集团欲进入图书板块，已并购同省的长江出版社，占其70%多的股份；主营图书发行的新华文轩，也先后完成了对四川出版集团及海南出版社的并购重组。

民营与民营的整合并购，如2008年新经典与读书人合作，新经典代理读书人所有图书的发行；2009年天域北斗公司为拓展业务，并购一家少儿图书公司；华文天下控股多家策划机构和小工作室；武汉新新公司几位下属员工创业，由公司投资控股，分别出版少儿、作文、社科类图书；盛大公司积极谋划文学娱乐产业布局，几年内将起点中文、晋江文学、红袖添香、榕树下纳入麾下，拥有了超过80%的网络文学内容，近期又并购了华文天下、聚石文华等文化公司。在一些规模较大的民营集团，并购重组也比较常见，如志鸿、可一控股了多家印刷厂……这里就是比较自主灵活的商业世界了。

此外，暗地操作的案例也有，如多年前某地一民营公司就收购了当地的音像出版社，甚至当地新华书店。但因出版业资本未开放，不好宣传，并不为外人所知。

参与合资的民营公司，一般具有一定的规模实力和策划优势，希望寻求更大的发展。他们的希求主要在于两点，一是资金，二是出版权。出版集团有教材租型，年利润上亿元，有较大的资金优势。再则，国有的出版资源以及各种政治资源比较多，是民营公司所不具备的。民营与国有合资，相当于戴上一顶红帽子。中国社科院戴园晨教授将红帽子的好处归纳为："政治上的安全帽，经济上的优惠卡，额外负担的避风港。"这种说法比较贴切。

参与合资的出版社（集团），多是希望规模能做大做强，晋身百亿，争取上市。通过合资，不但圈住了优秀的民营资源，进一步做大业绩，同时也有利于机制创新。长江出版集团经常请合资公司经理人去给出版社的员工讲课，对出版社转变观念、提升经营管理有一定的益处。

据长江出版集团总编辑周百义总结，国有与民营成立合资公司，具有三大好处。

一是解决国有企业的改制问题。国家要求地方社2009年底必须转企，但出版社转企面临很多困难。而民营企业一开始就是企业了，国有企业的很多问题，在民营书业里根本不存在。国有和民营合资注册时就是一个股份公司，新公司解决了过去国有企业的权责不明、动力不够的弊端，解决了在干部问题、分配问题、员工身份问题上难以自主决策的困难。

二是有利于民营公司的政治安全和科学管理。民营公司长期处于政策的灰色地带，是行业的二等公民，做得再大，总觉得不安全，进一步发展受到许多制约。与国有合资后，民营公司的安全系数就大大增加了。而且，民营公司过去多是家族企业，公司治理难以适应现代企业制度。合资后，理清家族关系，企业便可步入现代企业管理的轨道。

三是双方优势互补，做强做大。以国有的政策资源与资金优势，加上民营企业多年在市场上摸爬滚打取得的市场能力、业已形成的产品优势，双方优势形成互补，可以成为一支有竞争力的生力军，使企业迅速做大做强。“海豚做到1个多亿时，作为一个民营老板，一年赚几百万、上千万，日子也很好，为什么还要合作？除了寻求一种政治地位外，就是合作可以使公司迅速做大做强。海豚没有合作时是1.2亿，2008年3个亿，2009年4个亿。这跟他资本的扩张有关系，他把风险释放了。如果说他一个人的资本，可能得把身家性命都押上，有些事就不敢做。而现在，他投资花掉一分钱，有我们的一半，风险就减小了。”

在民营内部，对于合资的意见并不一致。大众出版领域的民营公司，由于近年来压力较大，有些人比较倾向于合资；而实力较强的教育类民营公司，则总体更倾向于独立。

某教育公司总裁的说法较有代表性：“我为什么要跟出版社合资呢？像我们这样大的公司已经没有出版社能吃得下，跟个小出版社合作我也不能控股它。合资无非图两件东西，一是资金，二是出版权，就是书号。我们又不缺资金，我缺的资金它也提供不了，几千万不算什么。书号我们也不缺，现在和出版社谈的价格越来越低。真要合资后，出版社教育系统的项目能不能分我一部分？不能。他还要来分我的市场。更关键的是，两者的合作就是不平等的。我们以前跟××出版集团也组建过一个公司，我是副董事长。但是很快我就退出来了，没有作用。”

某图书公司董事长也说：“从策划到发行都是我们，其实就是一个主

2009 年 1 月北京图书订货会上的民营书业。

体，主体必须有做主的权力。现在企业就受制于出版社，它不可能做大做强的。我们实际是愿意独立的。你不独立，你的思想没办法发挥，你很多的想法没办法实现，就有制约，束缚住你的手脚。比如参加比赛，束缚住手脚怎么能赢得比赛啊？运动员有一点思想波动都会影响成绩，更不要说束缚手脚了。”

一家教育集团公司跟四五家出版集团谈，但没达成一个协议。出版集团要并购他们，控股 51%，公司不同意。他们希望集团教育出版社出让一块经营权，“出版社的教材和计划内的东西继续经营，其他的我来运作。我也不需要他投资，集团只是投个壳和书号，经营的钱可以拿走 51%。出版社名义上还是他的，我不过是要一块经营权。给我授权以后，我就可以直接到新闻出版总署去申请书号了，就不受制于他了，我就可以放开手干了。”但集团不同意。

某教育集团总经理还指出了国有民营合资不能顺利进展的技术原因：“一是国有管理体制严重制约。二是财务核算不能对接。民营销不掉的书可以马上报废，出版社因为是国有资产不能随意处置就只能占库存。三是资产评估很难。民营的许多销售必须由出版社开票，民营真实的销售额根本无从显现。这些信息无法对接，就容易产生信任危机。”

某文化公司总经理的观点更是旗帜鲜明：“第一，国有民营合资，源于民营人骨子里的一种不安全感，这是一个最深层次的问题。第二，国有民营合资，在现有政策上，实质就是国有吃民营，这是一种历史的倒退，百分之三百的倒退，肯定是错误的。纵观国际国内和中国改革开放三十年来，哪个行业不是国退民进来发展？1990 年万象鲁冠球划给政府 1 500 万，‘花钱买不管’，才成就了今日拥有 300 亿元总资产的跨国集团。现在反而‘要钱买管’，民营要国有的这点小钱买管，这绝对是历史的倒退。”

在具体经营中，合资公司还容易出现两方面的问题，一是国有方干预过多。选题与决策层层报批，有的还要负责印刷、发行，容易影响经营效率。二是经理人内部控制。合资公司一般由民营方担任总经理，负责企业具体经营，如果监管不严，很容易出现内部人控制的问题。

近年来，随着民营出版公司不断成长壮大，中宣部、新闻出版总署组织多次调研考察。2009 年初，新闻出版总署在《关于进一步推进新闻出版体制改革的指导意见》中第一次提出“非公有出版工作室”，民营作为一股“新兴出版生产力”在政府文件中得到认可，民营出版公司逐渐浮出水面。

2009 年非国有书业委员会民营书业评奖第一次参评“出版奖”，而且名额不少。

与此同时，国有出版社转企改制的日程日益明朗。从2003年设立改制试点，到2009年初明确时间表与路线图，规定2009年底地方社、大学社、音像社必须全部完成改企转制，2010年部委社也要全部转企完毕。而且，报刊社2011年内也要转企。

一面是国有出版社的转企改制，一面是民营出版逐渐浮出水面，加之新媒介层出不穷，数字出版呼声日高，出版业面临几十年未有之变局。这两年来，国有民营合作也出现一些新趋势：

一是在合作意向上，国有民营交往更为频繁。这轮合作中，出版社更为积极主动，纷纷向民营公司抛出橄榄枝，希望圈住更多的优质资源。许多有品牌的民营公司，都接待了N多轮出版社、出版集团的考察了。还有出版社到处请人牵线搭桥，介绍合作。有人将2009年形容为“抢资源”的一年。

二是在合作方式上，原来社科类公司采用分渠道销售的方式比较多，近年来随着他们实力的壮大，出现了一批年销售1～5亿元的出版公司，这批强大起来的民营公司话语权也越来越大。一家民营公司说，他们与江浙出版有合作，原来是只想出让本省的市场，但因为江浙市场较大，这家公司考虑要收回全部渠道了。而原来倾向于被并购的民营公司，发现已经合资的公司并不如想象的令人满意，转而倾向于更为谨慎的项目合资。

早年已有融资经验的光明书架负责人严平提出了更为理性的视角：“资本的介入是合理和正当的，资本会寻求好项目。但出版业不允许流水化作业，出版是一种个性化的创作，做好书与钱多少没有必然关系。台湾许多出版公司都是很小的，国外一些大品牌，像兰登书屋，也是一个大平台下许多独立的小公司在运作。”

三、 合作方选择

无论国有出版社或民营公司，选择合作方的时候，都会考虑到以下因素。

1. 品　牌

品牌的核心因素，是产品的竞争力和企业效益。

品牌同时要考虑方向对口。文艺类的民营公司会优先选择文艺类的出版社，少儿类的民营公司首选少儿出版社合作。教辅属于教育类产品，第一选择是教育出版社，其次是师范大学出版社。对品牌要求其次的，是希望出版社的名字好听。最好是比较中性的名字，一般读者购买时不会产生明显的心理抗拒。还有一些公司希望出版社的名字不要有明显的地域限制，怕广东的读者买山西出版社的产品时有心理障碍。

对于民营公司而言，有品牌的出版社可以提升自己的产品形象。但品牌越好的出版社，合作条件越苛刻，需要支付的合作成本越高。对于出版社而言，民营公司的品牌与其产品竞争力就是它的生命力。有品牌的民营公司意味着经济价值更大，操作更规范，甚至也可以提升出版社的形象。

2. 价　格

经济成本是个硬道理。价格对于任何人来说，都是很务实的选择。

民营当然希望合作的成本更便宜。价格最便宜的出版社，通常也是操作最简便的，他们多是一些地处边远或经营效益不好的出版社。但并不是所有公司都把这作为首要考虑因素，许多做得比较好的民营公司，会先考虑自己公司的形象和产品品牌，从而选择与那些成本稍高但品牌较好的出版社合作。

总之，民营公司是希望性价比高，最好是合作出版社品牌好，价格低。当然，出版社的期望正好相反，希望民营公司品牌好，又出价高。

双方合资时也同样如此。一些合作协议就是因为双方估价不同而导致最终搁浅的。王迈迈英语公司与长江出版集团因资产评估意见不一致，从而使已经通报媒体的合作最终流产。另一家民营公司请第三方评估品牌价值9 亿元，而某出版集团欲出价 3 亿购买其 51% 的股份，最后也未能成功。

3. 规范与安全

国有民营的合作是有政策风险的。政策三令五申规范合作，合作双方都要承担一定的心理压力。

国有对民营公司的担心依次分为三个层次：一怕民营策划的图书内容出政治问题，那是一票否决，轻则通报批评，重则停业整顿；二怕图书差错率过高，质检不过关，这也是要通报批评的；三怕民营公司操作上不易控制，出版社的利益受损失。

民营公司则希望合作的出版社能提供更安全的庇护，最好有一定的背景。某出版社因为有较好的政府背景，吸引多家实力较强的民营公司与之合作，出版社每年合作的纯收益超过2 000万元。此外，民营公司也怕出版社办事效率太低，影响自己的运作效率。许多着眼于长远发展的民营公司，更愿意选择安全与规范的合作方。尤其是那些已经做大的民营公司，更愿意从正常经营中谋求稳定与持续的利润，对于政策风险非常忌讳，他们甚至愿意为此付出更高的经济成本。

4. 人际关系

制度不完善的时候，人的因素更为关键。中国是人情社会，国有民营合作，在相当程度上就是与当事人的合作。

对于民营公司而言，找不同的人就是不同效率。合作一定要找对人，否则事倍功半。这其中，与出版社社长的关系很重要。曾有一家民营公司的教训是，他们找了出版社的副社长，无奈这家出版社的社长与副社长有矛盾，遂使合作多有波折，效率大受影响。对于出版社而言，民营公司的产品竞争力和做事风格，关键就在于企业的负责人。

尤其是在合资中，人的因素决定成败。当初金丽红选择长江文艺，就是看中时任长江文艺出版社社长的周百义的为人，周百义调到集团，金丽红一度考虑更换合作方。周百义也坦言："当时也就是选老金，要是老王或老李，也许这事就干不成了。"

无论选择什么合作方，无论选择的标准是什么，每家民营公司都希望双方的合作稳定、顺畅。越是大规模的民营公司越希望稳定。一般来说，经过多年的磨合，许多大公司都有相对稳定合作的出版社。但既然是合作，就说明两者是利益不同的主体，更换合作方也是比较常见的。有的更换是寻求更加规范，有的更换是寻求更加实惠。此外，出版社的人事变动、合作中一方的不诚信、合作中的效率不对接等原因，都可能导致合作的分手。

一般合作会如此，合资公司也是如此。某民营公司曾与一出版集团注册一家合资公司，但不久民营公司就退了出来，觉得没有意义。汪俊的邦道图书公司2008年与辽宁万卷合资成立万邦文化公司，2009年11月汪俊转投中南出版集团，成立北京涌思图书有限责任公司，汪俊以现金出资占10%的股份，中南传媒占90%的股份。

通常来说，民营公司合作的出版社不止一家，少则两三家，多则六七家，有的甚至达到二三十家。之所以有这么多合作方，原因有三点。

一是各社的定位不一样。原来各出版社都有自己的专业分工，或明确的选题方向。民营公司策划的社科类产品，就要找社科类的出版社合作，策划的少儿类图书，最好找少儿类出版社合作。有时同样一个选题，这家出版社不愿做，而那家出版社愿意做。

二是一家出版社的书号数量有限。有的民营公司已经相当于一个大中型的出版社，一年新策划几百个品种，这是一家出版社的书号满足不了的，只能找多家出版社共同分担。这样的结果，有的民营公司同一个系列的产品，也要分到几家出版社出版。比如初中类图书用一个出版社的号，高中类图书用另一个出版社的号，或选修类图书用一家出版社的号，必修类图书用另一家出版社的号。

三是民营公司希望分散压力。不同出版社需要付出的成本是不一样的。一些民营公司将重点产品与品牌好的出版社合作，一般产品找差一点的出版社合作，重点产品与不能用套号的出版社合作，一般产品找允许套号的出版社合作。

而通常国有出版社同时合作的民营公司更多。据某图书发行公司反映，同是某出版社的图书，有40多家供应商。还有一家出版社每年要给合作的民营公司开会，够一定规模的公司才能参加，据统计，仅来参会的民营公司，就达20多家。

四、政策建议

我国近30年来实行的经济改革，与俄罗斯等国采取的“休克疗法”截然不同，它是一种更为稳健的方式，即所谓“摸着石头过河”，人们也称之为“渐进主义改革”。它不是一步到位的破旧立新，而是先在旧制度的边缘衍生出一些新的制度安排，在原有的计划体制外允许非国有部门和市场体制的发展，同时在原有计划部门也相应改革，引入市场竞争的因素，渐渐缩小计划体制的覆盖范围。通过新制度的不断发展来渐次消减旧制度的空间，促成旧体制的变迁。

一面是放开增量，开放民营资本；另一面是改革存量，实行国有企业改革，它又是一种“双轨制”的改革。这是一种低成本的路径选择，在整个改革过程中，政府进行着严格的控制，使得民营资本较多的是在政治意识形态所默许的边界上推进。它既维护了原有的既得利益，有效回避了激进改革的利益冲突，保持了政治环境的稳定；同时又在渐进中推进改革，使产业在稳定的社会环境中稳步发展。

但随着时间的推移，双轨制的不利、消极影响日益显现。双轨制是一种冲突型的双重体制，新旧体制胶着对峙、相互摩擦，以及双重体制下存在的诸多漏洞，在相当程度上影响产业的高效率。而且，竞争的结果并未必然使资源从低效率制度流向高效率制度，政府和国有企业仍然是稀缺经济资源的主要支配者。双轨并存的局面久拖不决，必然引起经济生活的混乱，甚至改革的夭折。

我国出版业目前也正面临这样的问题。

应该承认，从当初单一的喉舌功能到现在的产业定位，我国出版业已经发生了很大的转变。

成立于1897的商务印书馆，就是家民营出版企业，张元济至今仍是出版业受人尊敬的楷模。

新中国成立后，我国参照前苏联的出版管理模式进行管理，将私营出版业改造为单一的公有制。长期以来，人们较多从意识形态安全方面考虑出版业，新闻出版业是党的喉舌，是意识形态安全的阵地。直到现在，也依然有人认为，出版业产值很小，根本不指望它来增加国家的GDP，出版业只要保证意识形态安全就行了，根本没必要改革。问题是，这种体制下出版业越来越缺乏活力和竞争力，我们能在保护和自封的情况下保证国家意识形态安全和复兴民族文化吗?

近年来，人们越来越清醒地认识到，新闻出版不仅有意识形态功能，更要尊重它的产业属性。从当年图书是不是商品，到出版社是事业还是企业的争论，新闻出版是产业的定位已经得到人们的普遍认同。从事业单位企业化经营，到党的十六大、十七大明确提出的文化体制改革，再到2009年出版整体转企改制确定路线图与时间表，国有出版的改革路径已经非常清晰。

与此同时，民营出版从当年被严厉打击的“非法出版”，到2008年初纳入新闻出版总署职责监管，再到2009年初《关于进一步推进新闻出版体制改革的指导意见》中，民营作为一股“新兴出版生产力”在政府文件中得到认可，应该说，民营出版正逐渐浮出水面。

目前的国有民营合作，正是发生在这种双轨制的背景下，民营日益发展壮大，而国有仍是资源的绝对控制者，这种合作对于出版社、对于民营公司、对于行业、对于政府都是利弊参半的。

(一) 对于出版社来说

它的好处在于，出版社在政策倾斜的情况下很容易获得竞争优势，有更多可资利用的社会资源。

现在的政策使出版社处于利益高地，除了国家的专有出版权，还有各种政府项目与地方保护，以及同行的输血，甚至整个社会的经费出书。无论谁出书，都要经过这500多家出版社，真正集积全社会资源为出版社所用。

其次，民营公司的介入，激活了一些出版社的创造活力。民营公司灵活高效的运作方式，也激活了一些出版社的创造活力。一些危机意识较强的出版社，改革机制，提高效率，实现了快速发展。如机械工业、清华大学、人民大学、电子工业、人民邮电、轻工业等出版社，许多是先与民营公司合作，后来居上，成为非常优秀的出版社。

它的弊端在于，政策资源太多，使得出版社惰性较强，自身创造力不足。多数出版社远离市场，不愿意承担任何风险，极少在市场上有竞争力的图书。有些有丰厚教材租型利润的出版社钱来得容易，花得也不知珍惜、把大量利润投进股市、投资地产、建新公司，由于缺少企业运作经验，投资的项目多是失败的，但没人追究责任。

（二）对民营公司来说

好处是行业竞争不充分，民营公司较易获得市场优势。我国实行严格的审批制，不允许业外资金进入出版行业，这对已经进入出版环节的民营公司变相形成一种保护。由于没有业外大资金的进入，行业没有形成充分的竞争，大部分出版社机制不够灵活，民营公司可以相对从容地取得市场竞争优势。

但同时，政策的相对滞后对民营公司又形成诸多制约。

1. 无法确立自己的主体地位

民营对于出版社的依附性决定他们要支付更高的经营成本。他们难以树立自己的品牌，民营公司所策划的图书，不允许打公司的名字，很难在公众面前树立自己的品牌。一位民营公司老总说，现在这种合作“等于民营交给出版社一把枪，让出版社回打自己。民营策划的好书必须借助出版社出版，出版社以此逐渐形成品牌，有了实力后，又反过来打压民营，提高谈判酬码”。

2. 难以吸引企业发展所必需的资金和人才

民营公司的资金多是自我积累而成，缺少较好的融资途径。一方面，民营公司家底不厚，不容易获得银行信贷；另一方面，其身份的模糊，也使一些战略投资者望而却步。

由于缺少法律保障和资金投入，民营公司不但很难吸引外部的优秀人才，甚至自己培养的优秀人才还会流失掉。2002 年《福布斯》中国 100 名巨富中的重庆力帆集团董事长尹明善，1989 年已经成为重庆最大的民营书商，但他清醒地认识到：凡不能在阳光下公开的生意，便无法成长为真正的事业，所以他毅然退出图书行业，转入摩托车销售。18 年后的今天，这种境况并没有得到根本的改观。

3. 缺少可见的发展预期

有些民营公司年营业额过亿，但因身处灰色地带，感觉自己的事业如同建在沙滩上。因为缺少可见的发展预期，许多人对前途缺少信心，有的人赚到钱不敢再全投入到书业，而是提出来买车买房，或转投其他行业，使书业缺少可持续发展的动力。

边缘化的状态，也容易使一些民营公司产生“游击队心态”，经营有很强的短期性，策划的选题以“短、平、快”为主，而较少考虑长期的发展战略。

再者，也容易产生不规范和不负责的行为，比如员工保障不足，劳动时间过长，对作者等合作方缺少诚信，只重经济效益较少社会责任等。

（三）对行业来说

它有利于保持出版行业的稳定。在出版产业改革中，政府一直进行着严格的控制，使得民营资本在政治意识形态所默许的边界上推进。它有效回避了激进改革的利益冲突，保持了政治环境的稳定，使产业在稳定的社会环境中稳步发展。

但同时也造成规则混乱，加大行业内耗，败坏行业风气，并造成出版企业优不胜、劣不汰现象。

出版行业上游和下游各有两个主体，两者办事效率、成本控制不同，发货折扣也不同，而且交叉发货，市场规则非常混乱。

这种双轨并存的机制，使双方在合作过程中的摩擦较大，寻租交易中还极易滋生腐败。

这样的格局，还造成出版企业的优不胜、劣不汰。民营公司经营再好，总有书号制约；出版社再没竞争力，只要书号作为垄断资源存在，就有了生存的依靠。

一号多书的情况极其常见，这也是社店信息对接和新华书店连锁经营的绊脚石。

（四）对主管部门来说

好处是行业管理相对容易。目前我国只有570多家出版社，社长多由上级主管单位认命，责任人非常明确，管理起来也相对容易。

弊端是不利于科学决策和政府公信。首先，民营公司长期处于灰色地带，不利于行业的科学统计，更不利于主管部门的科学决策。其次，买卖书号屡禁不止，它事实上成为一种公开的非正式制度，出版业的正式制度流于形式，损害了政策和政府的公信力。此外，民营出版公司处于政策的盲区，监管不力，造成大量的税收流失。

作为我国出版主管部门，应健全法律管理体系，制定公平竞争的规则，为产业营造良好的发展环境。目前，我国的政策资源在市场竞争中所占的分量过大，许多出版社的生存状态不取决于市场，只取决于政策，这样明显不利于公平竞争和优胜劣汰。制度的不公是最大的不公。如果产业结构和竞争规则不合理，许多东西就是沿着不合理的框架生长，很多不合理的东西纠集在一起，以后付出的代价更大。

星火教育集团会议室外面的假山和星巴克。

同时要说明的是，我们不应将一切脸谱化，不能说国有或民营就是好的或坏的，甚至不能说一个企业或一个人是好或坏。如同人性有善有恶一样，一个企业、一个群体同样如此。政府要做的，是通过一定的规则，鼓励和支持美好的因素成长，抑制丑恶的因素蔓延。

邓小平曾经把三个“有利于”作为评价改革开放是非得失的标准。我们不妨借用一下，评价出版业政策的标准是什么？第一，是否有利于满足人民健康的文化需求；第二，是否有利于出版生产力的提高；第三，是否有利于我国文化软实力的提升和整个民族的进步。

凡是符合三个“有利于”的，就应该鼓励和支持；凡是违背三个“有利于”的，就应该限制和打击。我们可以根据情况一步一步地走，但方向和宗旨不能错。

目前我国的出版业面临很严峻的现实，外部面临数字出版与新媒体的强势冲击，内部出版体制改革成效难卜，旧格局将破，新格局未立，出版业面临几十年未有之变局。此时此刻，出版社与民营公司不是你消我长的关系，而是如何共同将产业做大。产业发展不起来，一切争论都没有意义。

发展才是硬道理。从产业内讲，图书出版弱，就会有其他媒体冲击甚至取代它；从产业间讲，文化产业弱，在与其他行业的竞争中就无法吸引优质的资金与人才；从国内外看，中国的文化产业弱，就抵制不了国外强势文化的侵蚀。只有产业发展了，才能为社会创造更大的价值，每个从业人员和主管部门才能真正体现自己的尊严和价值。

引用科迪奕阳公司董事长张守礼的一句话：我们应该团结在发展的旗帜下，超越官民对立，超越国有民营对立，群策群力，开展良性互动：从政府创新与转型优化环境，到促进产业发展、企业家创新，再到提升企业能力和产业格局，从而达到一种规范业态。

一个创新繁荣、公平有序的书业符合出版业的根本利益，也符合国家战略和民族根本利益。我们愿为此努力，并乐观其成。

案例调查

长江出版集团与民营书业合作模式探析

鲍　红

长江出版集团成立于2004年10月，下属有18家全资成员单位（其中包括湖北人民、长江文艺、湖北教育、湖北少儿等8家图书出版社，1家新华书店集团），控股公司6家，参股公司3家。

集团主要利润来源有四大块：一是中小学教材租型；二是购买的原始股溢价；三是一般书出版利润；四是集团投资的湖北出版文化城的物业收入。

在国有与民营合资方面，长江出版集团走在前列，成为业内广为流传的合资案例。本文重点介绍其与金黎及海豚的合资，与王迈迈英语的合资因未能顺利进展，本文在此简要概述。

一、长江与金黎的合作

（一）空降长江

金丽红与黎波，一个精于策划，一个长于渠道，是业内非常优秀的畅销书运作团队，被誉为配合完美的“金黎”组合。金黎以出名人书而声名鹊起，曾出版了王朔、刘震云、崔永元、白岩松、冯小刚、吴小莉、陈鲁豫、曾子墨等人的书，销量不菲，动辄数十万册，有的多达200多万册，在业界广受赞誉。

金黎本来供职于华艺出版社，金丽红1988年便调入华艺出版社，黎波在华艺的时间更长。2003年后，两人双双转投长江文艺出版社，不但为长江文艺带来品牌与效益，而且成为业内广为传颂的国有出版体制创新的成功案例。

金黎何以转投长江文艺社？导火线应该是黎波。华艺是家正统的军队出版社，尽管黎波与金丽红一起为华艺立下汗马功劳，但由于黎波是地方编制，纵有社长之才，做到发行部主任就已经到头了，再无晋升之望。黎波自然希望寻找更大的发展空间。金黎合作是上下游不可分割，黎波走，金丽红自然也不会留下。

金黎被誉为业界的黄金搭档。

2003年正好金丽红55岁，是法定的退休年龄。之前已有多家出版社抛来橄榄枝，像作家出版社、文联出版社、群众出版社、现代出版社，都希望金丽红退休之后能一起合作。同时，金丽红也在跟时任长江文艺出版社社长的周百义联络。

周百义是个思想开放、敢想敢做的人，曾成功推出《雍正皇帝》，将二月河的帝王小说系列引入长江文艺，并策划“九头鸟长篇小说文库”，开创了长江文艺出版社的新局面。周百义收到金丽红的消息非常欣喜，觉得这是“天上掉馅饼”的好事。

金丽红看中周百义是个非常有市场概念的出版家，而且给予的自主权更多。2002年7月文图联在承德开会，金黎周三人正式谋面，基本确定了日后的合作。

2003年加入长江文艺注资投入50万，成立长江文艺出版社北京图书中心。4月份黎波先，7月份金丽红退休后正式加盟。此时媒体纷纷报道，金黎空降长江文艺，成为当年出版界一件很惹眼的事。

关于合作的条件，其实很简单。金丽红主要提了两个问题：一是平台大一点儿，他们接着做畅销书；二是给黎波一个名正言顺的副社长职位，便于今后开展工作。“就提这么两个条件，其他什么都没提。并没有什么高薪、给别墅什么的。”工资也是金黎自己定，当时的月薪很低，只有两三千元，两人的收入主要靠绩效。

对于长江文艺来说，这个副社长不属于正式调入，也不占编制名额，其实就是给个名义，只需要到省出版局报批一下就可以了。但对个人来说，却是一种很大的认可。周百义后来也说："也许黎波提起来，他俩就不会离开了，华艺估计也没想到老金和黎波两个人会有这么大的能量。"

周百义给了金黎哪些自主权呢？

首先，出版方面，长江文艺允许金黎按照自己选题设计的思路走。其次，发行可以由自己负责。再次，人事方面给出版社报批一下，实际也可以自己决定。最后，财务也有相对的自主权。总之，选题、发行、人事三大权限在自己手里。但出版社必须派财务总监，北京图书中心在一定经营范围内有相对独立的财务，但大报表是和长江文艺出版社合并的。长江出版集团成立后，北京图书中心的账户移至集团。

"在政策许可的范围之内，这已经是很大的权限了。"对此，金丽红还是比较满意的。其间，他们也在不断摸索，希望找到一种方式，既有图书中心相对独立的自主权，同时又不超越政策范围，做到安全性和自主性的结合。即在政策允许的范围之内，找到一种非法人的新机制。法人是长江文艺出版社社长周百义，黎波的工作是由法人授权的。周百义到集团后，现任长江文艺社社长刘学明接任法人，由刘学明给黎波授权经营。金黎称之为"国有体制、市场运营"。

在选题审批上，按正常程序规定出版社需要进行终审。开始出版社还有点儿担心，也想进行干预，曾经对几个选题提出否定意见，但是经金丽红说明争取，最终还是通过了。因为金丽红已经有一二十年的出版经验，对于选题的把关非常到位，在政策把关上从没出过问题。"出版社那边出了几次事儿，北京图书中心却从来没出过事儿。后来集团也承认，北京图书中心在把关方面比出版社那边还要牢靠。"从市场方面来讲，就更不用说了，北京图书中心的图书销量平均在 10 万册以上，是一般出版社难以想象的。现在，中心的选题基本可以由自己决定，向出版社报批只是备一个案。

2005 年初，北京图书中心招揽了一名大将，"布老虎丛书"的策划人、原春风文艺出版社总编辑安波舜正式加盟北京图书中心，与金黎组成出版"金三角"。由安波舜策划出版的《狼图腾》，至今已发行 200 多万册，版权输出到 110 多个国家和地区、30 多个语种，成为北京图书中心获奖最多的一本书。

（二）股份公司

金黎当初转投长江文艺出版社，其实内心怀有两种忧虑：一是担心万一做不好，方方面面难以交代；二还担心真的做好了，自己的权益如何保障?

经过几年的探索，他们认为，出版最核心的资源是人才，要把出版精英留下，应该有一种利益上的确保。这种利益，只有在各方拥有股份的情况下，才可能确保。但是出版环节的政策很严格，不允许有私人股份，不可能成立股份有限公司。于是他们就决定注册一家发行公司，以发行公司作为股份公司，回避开敏感的出版环节，为股份制扫除操作上的障碍。

2006 年 8 月，长江文艺出版社注册成立北京长江新世纪文化传媒有限公司。新世纪注册资本 200 万，双方都以现金入股，通过协商确定各自所占的比例。它的股权结构是：长江出版集团占 26% 的股份，长江文艺出版社占 20%，金丽红、黎波各占 17%，安波舜占 15%，还有几名创业员工各占 1~2%。金黎的品牌、渠道、资源等无形与有形资产不再作价，无偿交给新公司使用。所以，目前的北京图书中心是一个班子，两块牌子，一个是做内容，一个是实现利润。

乍一看，是集团和出版社占了大股，但仔细一算，公司经理人和创业员工的股份加起来超过了 50%。无疑，它将有利于公司在一条双方更多妥协与理性的道路上成长。

2006 年 9 月，北京图书中心又招揽一名大将，中国超人气青年偶像派作家郭敬明。

郭敬明曾以《幻城》、《左手倒影，右手年华》、《梦里花落知多少》等小说深受青少年读者的追捧，单册图书发行数达百万册。2004 年，郭敬明成立自己的“岛”工作室，出版《岛》书系列；2006 年成立柯艾文化传播有限公司；当年 9 月，郭敬明率创作团队加盟长江文艺北京图书中心，推出连载刊物《最小说》。

当时，很多出版社都在找郭敬明谈，包括接力出版社北京图书中心的白冰，最后金丽红谈成了。郭敬明与北京图书中心，已经不是作者和出版者的关系，而是共同投资共同经营的一体。郭敬明的选题很好，但缺少营销和发行渠道，而这正是金黎的长项。郭敬明觉得金黎不但运作能力很强，而且为人绝对可靠，他们从来不会向作者隐瞒印数，少付版税，所有信息对郭敬明全部透明公开，这也确立了郭敬明与北京图书中心长期合作的基石。

郭敬明为北京中心的业绩增长立下汗马功劳。

郭敬明为长江文艺北京图书中心贡献的销售码洋，2007 年约 8 000 万元，2008 年达到 1 亿多。进入 2009 年，由于整个成人读物市场有较强的不确定性，北京图书中心在做成人读物方面比较谨慎，选题做得少了。但郭敬明的青春文学增长非常快，仅 2009 年上半年就突破了 1 个亿。

对于成为北京图书中心利润擎梁柱的郭敬明，集团和公司有没有考虑股权激励呢？据说集团与北京图书中心也考虑如何分股权给他，但公司当初注册资金是 200 万，2008 年销售码洋已经达到 2 亿多元，成长性大家有目共睹，多了没人愿意退，而少了郭敬明也不在乎。

拿什么留住郭敬明？除了上面所述的合作条件，还有两个很重要的因素。一是利益。虽然没有公司股份，但郭敬明年收入是 1 000 多万。2008 北京图书中心共给郭敬明 1 700 多万元。二是名分。2009 年 1 月，长江出版集团特聘郭敬明为北京图书中心副总编辑，主抓青春类图书及杂志出版。尽管这个名号对长江文艺并没有实质的影响，但对个人还是有一定心理满足的，尤其在这个还处于政策严格管控的行业。如今总经理的名片满天飞，但总编辑还是个稀缺资源。对此，郭敬明的母亲非常高兴，说儿子“终于找到工作了！”觉得很有面子。

（三）管理与业绩

对于下属合资公司的管理，正常情况下，集团会派一名副总和一名财务总监。目前北京图书中心只有集团派驻的一名财务，没有副总，而且派驻人员的工资由集团来发。据说当初集团也尝试派人，但遭到金丽红等人的坚决反对，最终没能实施。到现在，长江方面与金黎合作已经6年了，6年的磨合，不光是创新了机制，还有彼此的信任。而且，用事实说话，北京图书中心不但销售与利润增长巨大，而且财务账目非常规范。

北京图书中心用的都是长江文艺社的书号。书号是出版社无偿提供的，不必付书号费，主要是通过股份分红。虽然书号没限制，但实际上，金丽红也不会多用。开始北京图书中心每年只出版几种，十几种。合作三四年的时候，北京图书中心一共才用了58个书号。

北京图书中心的经营管理，可以概括为国有企业、市场机制、人性化管理。在北京图书中心办公室的墙上，挂着“做人，做书”的大幅训条。中心没有专门的清洁工，员工轮流值日，培养大家关爱团队的作风。金丽红因为年长没有排班，但她每天到得很早，来了就拿起墩布拖地。每次销售活动，除牵头负责人之外，其他同志也配合参与各方面的工作。

长江文艺北京图书中心的办公室里有两个大字：做人，做书。

中心经常组织内部培训，请政府领导介绍宏观政策和法规制度，请行业有经验的高手传授经验，请内部员工就某一专题实地演练。每周的工作例会上，不是金黎简单布置工作，而是每位员工自己安排自己的工作，以及哪些问题需要大家配合。中心没有设部门领导，管理极其扁平。他们要求每个员工既是职业经理人又是组织领导者，编辑岗的工作就相当于编辑部主任，发行岗就相当于发行部经理，管理岗就是运营总监。

北京图书中心采用保底工资加业务提成的薪酬制度，平均月收入高的能拿到1万多元，低的也有五六千元。这里所有的员工都是市场人，签订劳动聘用合同，并且上了“五险”。

周百义在出版社的时候，每年都要派人到北京图书中心轮岗学习，并请北京图书中心派一人去长江文艺。周百义到集团后，轮岗没能继续下去。

金黎走的是精品路线，品种很少，但是效益很高。2008年新品种一共四十余种，实现销售码洋2.3亿，利润4 000万，利润率24%，净利润也有2 200多万。2009年上半年，品种约三十种，实现销售码洋1.7亿，利润1 500万，同比增长了196%，而当时的员工不过29人。

有人说，金黎要是自己做家公司，用买卖书号来运作，早就发大财了。但金丽红是从军队出版社出来的，有多年体制内的正统身份，加之民营书业至今在行业中仍然受限制，处于灰色地带，是行业的二等公民，尽管离开原来的出版社，金丽红一直拒绝别人称自己为“民营”。曾有记者问，出版社是不是要向民营靠拢，金说，大家都是向市场靠拢。

北京图书中心业绩一览

2003年4月成立。

2003年底，11人，8种书，年销售码洋2 012万元。

2004年底，12人，16种书，年销售码洋4 000万元。

2006年底，年销售码洋5 700万元。

2007年底，年销售码洋1.4亿元。

2008年底，29人，年销售码洋2.3亿元。

2009年，30余人，年销售码洋3.2亿元。

二、长江与海豚的合作

（一）合作动因

海豚传媒的前身海豚卡通注册于1999年，是国内屈指可数的少儿图书出版商。2005年销售码洋1.2亿元。总经理夏顺华是军人出身，有胆识有魄力，每次会议或论坛中慷慨激昂，给人们的第一印象是此人很强。

2005年12月，海豚卡通与长江出版集团合资，成立海豚传媒有限公司。公司注册资金3 600万元，对外宣布长江占51%的股份。当时被媒体炒作为“国有民营合资第一案”，吸引了不少眼球。

这么强的夏顺华为什么甘愿被长江出版集团收购呢？当尘埃渐渐散去，我们可以看清这顶红帽子原来有诸多好处。

它首先是政治上的安全帽。

正如集团总编辑周百义所说，在目前政策下的中国出版业，民营公司做得再好，也是个“二渠道”、“书商”，就像元朝的时候被划到汉人那一等的人。他们尽管做了许多工作，但被划为“三等公民”。夏顺华曾几次被相关调查，诚然有经济问题，但实质上是一个政治问题。加盟长江出版集团之后，这些问题就不复存在了。

它又是经济上的优惠卡。

首先，可以提高发货折扣。原来海豚卡通是民营公司，新华书店进其货的折扣就要比出版社低一截。合资后，海豚声明了自己的“国有”身份，一些新华书店就将进货折扣提高了。其次，合资后与集团一起申报高新企业，可以免纳企业所得税。再次，合资后集团注入资金，有利于企业做大规模。2008年海豚销售增长到3.2亿，集团支持也是重要原因。

夏顺华在德国书商学院图书馆。

它还是各种社会问题的避风港。

过去逢年过节的时候，工商、税务的人坐在夏顺华的办公室里不走，提醒今天是什么节日，让他送东西。现在这些问题也不存在了，夏顺华说，你们找周百义去。在各种社会问题上，海豚的安全系数增加了。

最后，合资公司虽公布长江出版集团占有51%的股份，但夏顺华比较强势，在公司各种事务中仍有很大的自决权。

（二）资产评估

长江出版集团与海豚卡通合资的具体合作方式是，双方都用现金注资，成立海豚传媒公司。对于海豚卡通的部分有形资产，经会计师事务所审计和评估师事务所评估后，经双方认可，再由新公司来购入。海豚卡通的债权债务由原公司自行处理，然后注销老公司。

资产评估要经过哪些步骤呢?

第一步，双方签订评估协议。在协议签订之前，委托方与评估方应就所评估的项目、范围、评估任务的完成期限、评估收费等进行洽谈。评估机构需要对委托评估的合法性、委托方的评估目的、委托评估的资产的产权情况以及评估业务预期的复杂程度等进行细致了解，然后双方签署协议。

第二步，成立资产评估项目小组。由合资双方及资产评估专业人员组成项目小组，分工合作协调评估工作。

第三步，拟定资产评估方案。

第四步，收集资产评估项目有关资料。

第五步，对评估资产的清查核实与实地勘察。

第六步，确定资产评估价值类型，选择评估方法并计算评估结果。

第七步，提交评估报告。

这是基于统计学、投资学、技术经济学、财务会计、工程技术等学科技术方法综合运用而形成的一套方法体系。资产评估通行的有三种类型：市场法、成本法、收益法，延伸开来还有清算价格法和历史成本法。这些都需要专业的评估机构和专业人员来进行，合资双方也派人员参加。评估报告出来后，合资双方还要结合各自的情况，由专业人员对评估报告进行审核，对资产认定的方法、价值进行分析。

评估之前，国有对于民营的资产、经营状况，只是一个感性的认识，只能从表面去了解一个公司的情况。有了审计评估报告，对民营几年来的经营真实状况，产品的市场占有率，以及未来的预期收益，就有了科学的依据。

购买哪些资产？有海豚卡通的设备、电脑、办公桌、汽车等，还有仓库里没有发出去的书，打出一个清单，集团认可哪些书有市场，它的图书以及原片由新公司买进来。对于书的认定，集团是按照成本价，而不是销售价。按照财务制度，电脑是要折旧的，汽车也有折旧规定。最后，海豚卡通的资产评估为1 500万元，也就是说，夏顺华实际只需再出几百万。

当时也谈到无形资产，但最后约定不谈这个话题，因为双方都有一定的品牌和无形资产。大家都不算虚的，只算实在的。双方的品牌、渠道等无形资产都不作价，无偿交给新公司使用。

之所以选择成立新公司，注销老公司，是希望彻底洗牌，把过去那条尾巴割掉。在目前政策限制下，很多民营公司的账目是做不顺的。割掉这条尾巴，就进入了安全区。当然，老公司并不是说注销就注销的，这要得到工商税务的认可，工商税务要把所有的账清一遍才允许注销。注销一家公司至少要半年，海豚卡通用了一年的时间才注销掉。新公司把尾巴割掉，就进入了安全区。

2007年12月，海豚传媒又增资3 000万，注册资金达到6 600万，并于2008年4月正式更名为海豚传媒股份有限公司。

增资的原因，是当初的资金太少了，不够用。夏顺华说，原来是金鱼缸里养着，游不开。“有一些大的项目投资，企业的注册资金不够。原来海豚的自有资金有5 000多万，运行资金达到7 000多万，才能运行到1亿多。合资后注册资金3 600万，运行6个月就没有钱了，我要维持运营啊，只能集团担保先在银行贷款600万，才保证正常运转。2007年增资后，2008年增长到3.2亿，2009年准备做4个亿。”

（三）管理与业绩

合资后，按协议公司要实行公司治理，原来负责营销的夏顺华夫人方媛退出公司管理，长江出版集团向海豚派驻了一名副总经理，一名策划总监，一名财务总监。派驻在海豚的人，工资是海豚发。

夏顺华等原海豚团队与派驻人员的磨合并不一帆风顺。2009 年 3 月，集团派原《出版科学》主编贺剑峰接任海豚传媒副总经理。贺剑峰开始主要负责公司的出版终审，2009 年年底又接手主管营销。策划总监是湖北少儿出版社图书部主任、儿童文学作家徐鲁，财务总监来自集团下属的《大家》报刊社。经过磨合，双方渐渐融洽。

海豚传媒每年的新品有几百种，2009 年更是达到 800 ~ 900 种。合资初期，海豚传媒合作的出版社主要是上海人美出版社、少年儿童出版社、广州出版社、连环画出版社等。后来，集团讨论把海豚传媒的产品逐渐转移到集团内的出版社，目前已经有一些产品转移至湖北教育出版社和长江文艺出版社。

动漫一直是夏顺华的偏爱，海豚从 2000 年就开始做动漫，到如今已经 9 个年头。做动漫很烧钱，是个高投入的项目。现在动漫已经扩充到 55 个人，但他们也感到一些困境，动漫员工的工资比一般编辑高，相当于编辑部门一个中层管理人员的工资。纵使如此，还是留不住人，许多人被沿海的企业挖去了。在武汉每月 3 000 块钱已经很高了，到沿海就是 8 000 ~ 10 000元，海豚成了沿海动漫的培训基地。

海豚传媒是个学习型的企业，很重视培训员工。公司曾在清华大学包过一个总裁班，员工轮流过去上课，仅此一项费用大概 20 多万元。世界各国的书展，夏顺华都带年轻的编辑们去增长见识。有的才来一年就有机会出国，这在论资排辈的出版社是不可能的。夏顺华很重视科学管理，公司很早就实现了办公自动化，海豚的高管团队一直比较稳定，企业管理井井有条。

教材收归集团后，海豚传媒成为长江出版集团湖北下属出版单位中效益最好的，每年业绩增长显著，2006 年 1. 8 亿元，2007 年 2. 3 亿元，2008 年达到 3. 2 亿元。如此良好业绩，不时有省里局里区里的会议要海豚参加，各级领导也时常来海豚参观视察。对此，夏顺华有点不胜招架：“他们说来就来了，来了你就得准备汇报材料嘛，可我们还得干活啊!”其实夏顺华本人并没有在这些会议和接待中花费太多时间，90% 的精力仍是用于公司的经营管理。各种政府的会议，夏顺华就让原来的总经理助理陶莉去，他多数不去，极少数去了也爱跟人吵架。

因为海豚的业绩与品牌影响力，许多世界知名的少儿出版公司主动找上门来商谈合作，法国某知名出版公司通过领事馆点名要见夏顺华。目前，海豚传媒与许多世界知名品牌达成了合作，如美国迪斯尼的高端产品系列、美国美泰公司的芭比娃娃系列、德国 TESSLOFF 出版社的著名少年儿童百科知识全书《什么是什么》系列。新近又与 Parragon 出版公司达成协议，合作出版幼儿园教材。还有一些外商主动找来商谈投资，有人愿意出 2 亿元占一定的股份，但集团看好它的成长，不卖。

最近夏顺华又拿出一个方案，准备在湖北出版文化城旁边建一个传媒大厦。集团要他拿出一个投入产出的详细报告，而且要明确资金来源。夏顺华做这个项目的目的，一是解决自己的办公场地。目前海豚传媒在集团的湖北出版文化城办公，房租每月每平方米是 28 元，虽低于其他外部的公司，但高于出版社的 17 元。其次，这个项目可以有利润。大厦计划投入 7 000 万元，估计销售至少可达 1.5 亿元。可以用银行借贷来建，以集团信誉担保，去掉银行的成本之外，还是赚钱的，等于用银行的钱来生钱。

海豚与长江出版集团合资后，业绩提升很快。

三、长江与王迈迈的合作

与王迈迈英语进行合作，是长江出版集团 2009 年 4 月在济南书博会上高调发布的消息。

王迈迈是一家专注大学英语的民营公司，从业已有十几年。王迈迈以图书策划为乐，说自己十多年来未曾觉得累过，因为就喜欢做这些。2007 年前的许多年，公司一直没设发行部，但年销售码洋过亿元，在大学英语界颇有口碑。

王迈迈为什么要与长江出版集团合作？究其原因，一是王迈迈对于身份的焦虑。王本是一位大学教师，在解决了生存问题之后，不合法的身份一直是他的忌讳，多年来不敢宣传，怕人知道，一旦被人点名要求去参加什么会议就反思自己是不是哪点做得过分了。二是公司是一个非常传统的家族企业，王迈迈的许多亲戚都在公司，影响到企业的决策和管理。王迈迈也希望通过和集团合作，打破过去家族式企业的治理结构，把过去的公司注销了。

而长江出版集团看中王迈迈的，一是与集团出版社业务不构成竞争，二是王迈迈的发展和赢利能力，一年做几千万码洋没有任何问题，而且大学英语的赢利能力也比较可观。

长江出版集团与王迈迈的合作，被媒体称为继金黎、海豚之后的大手笔，双方清产核资已经完成，合资公司已经注册，名叫湖北尚文出版传媒股份有限公司。集团还在湖北出版文化城 C 座给尚文备好了办公场地。但时至今日，这场合资并无进展，究其原因，一是双方在资产评估中产生意见分歧，二是有一些人事摩擦。估计这场合资要流产。

四、经　验

（一）合资的好处

据集团总编辑周百义总结，从实践中来看，国有与民营合资成立新的出版公司，具有三大好处。

1. 解决国有企业的改制问题

国家要求地方社 2009 年必须转企，但出版社转企面临很多困难，而民营企业一开始就是企业了，无论是治理结构还是产权结构早就不需要转了。国有企业的很多问题，在民营书业里面根本不存在。国有和民营合资注册时就是一个股份公司，新公司解决了过去国有企业的权责不明、动力不够的弊端，解决了在干部问题、分配问题、员工身份问题上难以自主决策的困难。

2. 有利于民营公司的政治安全和科学管理

民营公司长期处于政策的灰色地带，是行业的二等公民，做得再大，总觉得不安全，进一步发展受到许多制约。与国有合资后，民营公司的安全系数就大大增加了。而且，民营公司过去多是家族企业，公司治理难以适应现代企业制度。合作以后很简单，过去的都一笔勾销，最多清算一下财产。海豚过去也是夫妻管理，合资后，夏顺华的夫人便退出了，企业步入现代企业管理的轨道。

3. **双方优势互补，做强做大**

以国有的政策资源、品牌影响与资金优势，加上民营企业多年在市场上摸爬滚打取得的市场能力、业已形成的产品优势，双方优势形成互补，可以成为一支有竞争力的生力军，使企业迅速做大做强。“海豚做到 1 个多亿时，作为一个民营老板，一年赚几百万、上千万，日子也过得很好，他们为什么还要合作？除了寻求一种政治地位，再就是合作可以使公司迅速做大做强。海豚没有和我们合作的时候是 1.2 亿，2008 年做到 3 个亿，2009 年做到 4 个亿。如果不合作的话，海豚很难走到现在。要靠他一本书一本书赚钱，再一本书一本书地积累是很难的。集团注入资本以后，公司规模就可以放大。而且海豚不仅做书，还做动漫，至今没见到效益，把做书赚的钱做动漫烧了。合资以后烧的钱就有一半是我们的，他可以大胆投入把

巍巍高乎的湖北出版文化城是长江出版集团投资建设的。

规模做大。所以，海豚做到这个规模，跟他资本的扩张有关系。他把风险释放了，如果说他一个人的资本，他可能得把身家性命都压上，有些事就不敢做。而现在，他投资花掉一分钱，有我们的一半，风险就减小了。”

（二）合作方的选择

无论是国营一方还是民营一方，选择一个好的合作对象，对于未来发展是十分重要的。

国有民营合作，首先要考虑对方的业务方向。

双方是在一个板块上做大做强，还是在不同板块上进行业务互补？从目前出版界已经合作成功的出版企业来看，基本上是合并同类项。如十月文艺出版社与时代新经典合资成立的十月文化传媒，辽宁万卷与路金波的榕树下合资成立的万榕文化传媒、与北京智品书业合资成立的北京图书中心，都是文艺社科类出版业务的合作。长江文艺出版社与金黎的合作，是考虑双方的主营业务相近，合作可以达到优势互补，进一步做强做大，打造文艺类的出版品牌。而与王迈迈的合作，是过去集团没有英语板块，王迈迈的英语板块对于集团业务是个补充。

选择合作伙伴，在某种程度上，也是与企业法人的合作。

对民营企业而言，要考虑国有企业的负责人是否思想解放，是否敢于承担责任，是否愿意与民营企业保持平等地位。金丽红当初从出版社出来，面临身份上的转变，对于一个多年正统身份的人来说，是非常谨慎的。合作前，金丽红曾找中宣部、新闻出版总署和湖北新闻出版局的领导，打听周百义这人能不能合作。怕万一合作不好，将来不好办。

对于国有出版集团而言，民营的负责人更为关键。在没有正式接触之前先要打听一下经理人的人品如何，产品有没有市场竞争力，产品的覆盖怎么样，团队现在有什么优势，什么劣势，合并以后会是什么样的结局，首先自己要进行评估。当初选择金丽红，一是他们不俗的业绩，二是看中她多年的正统军队出版社身份。周百义说：“人的合作是很重要的。我选择老金，要是选择老李或老王，也许就做不成了。”

（三）合资后双方的角色定位

在合作之前双方要签署一个合资协议，把大家考虑的所有问题写进去。比如公司的形式，发展战略，将来的治理结构，各方担任什么职务，每个人的权利义务……

合资后，要按照公司法来确定管理层的法人治理结构。公司法规定有股东会、董事会、经理人、监事会，形成比较科学的互相制约。财务多少钱以上要经过股东会，多少钱要经过董事会，总经理有多大的权利，应该在合资的协议里面规定清楚。而且要说清哪一家出任董事长，哪一家出任总经理，哪一家派财务总监，大家都不要越位。

目前，在已有国有与民营的合资公司中，一般是国有方出任董事长，民营方出任总经理。按照公司法，董事长只管大事，具体经营由总经理负责。为了保证国有资产的安全，国有方一般要派一位副总经理和财务总监，按照公司法行使股东权益。

关于公司的发展战略，在合资前双方应当有一个共识，即合资后公司朝什么方向发展。否则公司成立了，还要考虑做什么书，这会影响公司的业绩。一般来说，国有在选择合资方时，都会选择过去在市场上已经具有一定的市场份额，有一定品牌影响力的公司来合资。在合资的开始，国有方不要改变原民营企业的经营方向和产品格局。在取得一定成绩后，再考虑增加新的发展方向。

民营企业过去在实践中已经形成了自己的管理团队与业务团队，国有企业一方不要随便派人去强行打乱这个团队。集团派驻人员要作为公司的一员参与经营，而不能以钦差大臣的身份居高临下、指手画脚。

从民营出版人来说，与国有企业合资后，一要放弃过去民营书商二等公民的心理，树立信心，以平等的身份与国有出版人合作；二要转变过去家族式企业的工作方式与工作作风，按照现代企业的制度去管理企业；三是在涉及自身利益时，要考虑合作方的感受，不要因小失大，造成互不信任。

（四）合资后的磨合

在一个新的公司里，国有与民营走到一起，成为一个共同的利益主体，目的应当说是一致的。但作为不同背景下的企业，两种不同企业文化的冲突，还有相当长一段时间的磨合期。国有和民营都要相互融合，适应新的合作和文化。

周百义担任了两家合资公司的董事长，在实践中有许多真切体会。合作之初，集团派去的人总来向集团反映情况，反映民营公司的问题。而合资公司的负责人也很不满意集团派驻的人，集团派驻的几个人，也被告了许多状。周百义的原则，一是双方要真诚相待，二是要求大同存小异，三是利益各方既要维护自身的权益又要坚持原则。周百义告诉派驻到合资企业的人员，工作中要把握住“和而不同，斗而不破”的原则，对于非原则的事情，能让就让一下；但对于企业发展中大是大非的问题，必须坚持原则。

“具体的我不管，我只管一条，钱的事必须双方都签字。集团向北京图书中心派驻一名财务总监，所有的账都要经过财务总监签字。金丽红黎波都是从国有出版社出来的，所有账目规规矩矩，不会做任何假账。集团对海豚传媒的财务总监要求，不管什么账必须是双签，所有的账，上面必须有两个人的签字，否则就无效。形成一种互相制约和监督的机制，保证公司健康发展。”

股份制企业的优越性就在于，出资各方相互制衡与相互支持。双方的利益都在企业上，每花掉一分钱，就有他的1/2，所以不会乱花。

同时，民营一方也要严格地要求自己，无论是生活上还是工作上都要规范自己的行为，改变过去多年形成的游击作风、山大王作风。民营的经理人还要理解国有派驻人员。“民营经理人自己是老板，是在给自己做；国有人员是集团派去的，你是主人，他是打工的，让他和你一样卖命怎么可能?”

作为国有一方的法人代表和公司的董事长，不仅要考虑与合资一方的磨合，还要有足够的耐心，向国有企业内部的同志做思想工作。对于国有与民营的合作，并不是所有人都支持，许多人是怀着一种不信任的态度来看待这种合资行为的。所以，合资前在审计和评估时一定要依法行事，要有具有法律效力的评估报告和审计报告，合资时要报请上级批准，要经过领导班子研究。在合资的前期，特别是效益不明显时，要做好群众的思想工作和解释工作。公司取得了成绩，一定要及时公之于众，在国有企业中，做好一件事并让所有人理解是很困难的。

长江两家合资公司一开始有许多人质疑。集团有一个部长，几年来对合资一直持怀疑态度，说夏顺华把集团几千万的钱都搞过去了。北京图书中心也同样如此，过去很多人写信告周百义的状，说没赚到钱。周百义说，当初投资才50万，不能说当年就把50万取回来，把生蛋的鸡杀了。实际上，金黎和长江文艺出版社合作的时候，一切都是从头开始。但到2006年成立股份公司的时候，曾对北京图书中心过去的账做了审计，三年里他们给出版社赚了780万。

对于合资的异议不止在集团内部，在政策管理层面也是有很大分歧的。

总之，一路走来并不顺利，还是承受了许多压力。尽管现在合资公司进展很好，业绩很大，但周百义还是有点忌讳："这个董事长，我自己还是想退掉，风险太大。"

五、未解

（一）不同的身份，不同的……

海豚传媒与长江出版集团同在湖北出版文化城，海豚在文化城的一侧C座，出版集团在另一侧的B座。虽然同署办公，两者却有很多的不同。

1. **身份不同**

一个在国有编制内，一个是民营体制外。国有的员工就是事业单位，国家干部，待遇、养老都无后顾之忧；民营全是聘用制，市场人，一切要靠自己的能力挣。

2. **工作时间不同**

集团出版社是9点上班，下午4点半下班，中午还有2个半小时休息。夏天高温的情况下，都是3点钟上班，下午只干1个半小时。原来4点半就没人了，后来领导说太早了，改到4点45。加起来出版社一天工作约4个半小时。而海豚传媒是中午12:15吃饭，1:00上班，午饭加休息只有45分钟，有的年轻人不适应下午会犯困。公司一天工作时间是8小时，一分钟都不少，干不完要加班，而且礼拜六也经常上班。

3. **工作效率不同**

海豚的管理比出版社更严格。"民营企业就像资本家一样，大家要干活的。”海豚一年几百本的书稿，贺剑峰一人担下来，“要在出版社，不知得多少个副总编。但我看稿不是翻翻就行了，无论多艰难困苦，要全审一遍。有一次最忙的下午，看得都想吐。”“忙得很，稿子要看，夏总说找我聊天，我没工夫。同学也说找我聊天，我哪有工夫？这里的投入是不一样的，但回报也可以。不过年龄大了，身体不允许。而且集团派的，说调回就调回了。”

4. 员工收入不同

相比之下，海豚的员工流动更大，3 年走了 12 个人，究其原因：一是工作量大，周六也上班，年轻人说没时间谈朋友。二是与出版社近在咫尺，就有比较，这边工作量大得多，但收入却比不上出版社，心里不平衡。而且，有集团的教材利润作保障，无论出版社经营好坏，都旱涝保收，收入稳定。

5. 竞争程度不同

对此，集团派驻人员有更深切的体会。“中国的民营企业，包括民营书业企业，九死一生，后面已经倒掉了上万家，我们看到的这些留下来的绝对是有竞争力的。但是 500 多家国有出版社，没一家因为经营不善而破产的，根本没有退出机制。如果民营企业有个好的政策的话，大概三年之内，赶上国有是没有问题的。它的成长性超过我们的想象。民营企业的未来也应该很好，他们是干事业的，很多人都说实话。我们来民营企业之前也在怀疑，但干过民营企业的，让回国有企业，都不愿意回去了，主要是想做点事。当然，回去养老是不错的。”

（二）合资真能激活出版社？

合资公司业绩这么好，集团又收回了出版社的教材租型，这一切，对出版社有没有激活效应？

集团经常请北京图书中心的金黎等人和海豚公司的经理人来讲课，在选题上、管理上，请合资公司介绍经验。合资公司在市场上摸爬滚打所积累的经验，对于出版社转变观念、提高经营管理水平是十分有益的。集团还经常做经营汇报，把出版社和合资公司的经营报表放在一起分析，寻找差距。很多出版社建议不要放在一块分析，让人很难堪。过去出版社社长很有优越感，现在都要转变过来向合资公司学习。

集团领导还带各下属出版社领导外出参观学习，2009 年参观了两家优秀的民营公司，星火英语教育集团和志鸿教育集团，同时也参观两家优秀的出版社，化学工业出版社和机械工业出版社，希望借此刺激下属出版社。“你说市场不好，人家怎么做好了？你说体制不好，有人跟你一样的体制。现在教材全部都收到集团来了，都是靠市场，不都是同一个前提吗？看到了这些民营公司，我们还有什么借口？”

但激活出版社好像并不是一个必然性的结果。

有人却感到，现在出版社的意见是更大了。国有民营报表放在一起，民营公司的业绩那么大，可想民营公司的企业负责人收入也比较高，更激起一些出版社的心理不平衡。分红给集团 51%，但公司就几个人也分了一半。虽然集团出版社改革后，基本工资降低，绩效工资提高，可以上不封顶，但实际上，大部分人的绩效提成是拿不到的。

集团领导也承认，国有企业的机制体制要摆正起来是很难的。“因为都是在一个集团运作下，集团把出版社的教材拿走了，对出版社的考评指标也都相应降低了，甚至集团还给予一定的补偿，出版社的工资待遇照样不比原来少。”

“关键是我们这些社长没有几个真正懂经营、会管理的。但又不能换，换一个人涉及方方面面的关系。有些社长就是半官半商，靠计划经济赚钱，不是企业家，跑跑教育局，吃吃喝喝还成，弄点系统教辅。虽然能赚点钱，但是赚多了也没有，出版社基本就是不死不活，都是这样。”

（三）北京图书中心：捆绑上市还是独立上市？

长江与金黎的合作，在业内看来是一个很完美的案例。然而两家在上市问题上产生了很大分歧。

长江出版集团几年来一直酝酿上市，成立了 50 人的上市筹备小组。2009 年，集团决定放弃程序复杂的 IPO 上市（通过证监会批准发行原始股票上市），改为借壳上市，获得主管部门省宣传部的支持，上市步伐迅速加快。

集团当然是希望将合资公司一起捆绑上市。因为集团的主业利润虽然大部分来自教材租型，但这个在报表中是不好说的。而在一般书利润中，2008年两家合资公司的利润超过了8家出版社利润的总和。2009年上半年，集团一般书利润也多是合资公司创造的，出版社的利润微乎其微，集团自然希望合资公司一起捆绑上市。2006年曾经计划主推海豚上市，后来也改为与集团捆绑上市。

但创业板发布以后，北京图书中心更希望自己独立上市。北京图书中心的底气，来源于自己公司的业绩。2003年来，北京图书中心的业绩几乎是直线上升的。

这场曾经完美的合资，会何去何从？

值得一提的是，当初股权设计时集团与出版社两家虽占大股，但职业经营人与公司员工多个股份加起来达到54%，这让北京图书中心未来的发展动向变得更加耐人寻味。

（四）拿什么建“航母”？

2009年年中《文化产业振兴纲要》出台后，主管部门欲通过上市融资、资源倾斜等措施，重点培育六七家大型出版传媒企业，组成国家的主力舰队。

上市是培育大集团的重要手段，但事实恐怕不似想象。

现在，除了IPO排队上市的家数多多，不能IPO的纷纷借壳。壳还不是缺的，而且借壳上市要快得多。仅湖北一省，据说50家上市企业，40家都是壳。

也就是说，根本不是六七家出版企业上市，每一家借壳都能上市。借壳不需新闻出版总署推荐，当地出版集团的婆婆省宣传部都是支持的。弄不好，股市要热兴一批出版传媒股。江西、河南出版集团均已通过借壳，以迅雷不及掩耳之势上了市。

上市业绩的根基，当然是教材租型利润，但这个是不好说的，能说的就是并购。但购并别的集团不可能，各地有教材稳定丰厚的利润在，哪个也不会让别人并购；并购出版社从现在看，并不能带来期许的效益；要在各地建分社只能出一般书，而集团做一般书是赚不了多少钱的。现在各家都在想并购民营，上市前做业绩要民营，上市后报业绩还要民营。这一轮上市成风，谁不上市反而压力倍增。

窃以为，人教社若收回教材租型，出版从此大变局，一使中国出版业巨型航母从此诞生（但因国家之力产生的巨额利润，给谁别人都不心服，各地都要咬一口。这一口就吃饱了，依赖与惰性由此而生），二也使各集团各社真正走市场。如今有教材租型垄断，就有集团，出版社就死不了；没有教材租型，集团与出版社才会真正优胜劣汰，出版业才会更向前发展。

资本对接资源

——北方联合出版传媒集团与民营公司合作个案

娜 拉

取长补短的合作是国有与民营双方共同的诉求所在。获得资金扩充现金流、取得安全的身份、搭上国有出版机构上市的顺风车让民营文化公司的资产成为原始股，是合作对于民营的诱惑；而吸纳优秀的民营文化公司为国有出版机构增加新的经济增长点，是国有想要做大盘子的选择。

2008 年 6 月 30 日，北方联合出版传媒（集团）股份有限公司（时称辽宁出版传媒股份有限公司，2008 年 12 月 21 日更为现名。以下简称“出版传媒”）全资子公司万卷出版有限责任公司分别与知名出版策划人路金波、李克成立了合资经营的辽宁万榕书业发展有限责任公司和智品书业（北京）有限公司。万榕公司注册资本 2 000 万元，万卷出版公司和路金波分别占其 51%、49% 的股权；智品公司注册资本 2 040 万元，万卷出版公司和李克分别占其 51%、49% 的股权。随后，2008 年 11 月，万卷出版有限公司又联手知名出版策划职业经理人汪俊，在北京设立了万邦（北京）书业发展分公司。这一事件不仅标志着大型出版集团与民营书业公司的深层次合作走上快车道，同时也彰显了民营公司运营升级的新变化。

一、“中国出版传媒第一股”的跨越

十年前，当多数出版社还没有实施产业化发展概念的时候，任慧英已经把目光瞄向了资本市场，为了这个梦想，在他 54 岁时，辞去了辽宁省新闻出版局局长、版权局局长的职务，出任辽宁出版集团董事长。2000 年 3

月29号，辽宁出版集团挂牌运营。转企、改制让辽宁出版集团脱胎换骨，辽宁出版集团作为中国出版业第一家实现政事分开、政企分开，并获得国有资产授权经营的产业化集团，按照产业规则、市场规律谋求改革突破、创新发展，图书出版的社会效益和经济效益大幅增长，图书再版率高出全国平均水平10个百分点。

2006年8月，集团按上市要求，重组改制成立了辽宁出版传媒股份有限公司，快速运作和打造全国出版业第一家上市的出版传媒公司。2007年12月21日，出版传媒在上海证券交易所挂牌上市，当天股价飙升329.53%，成为“2007年沪市最牛新股”。2009年1月，辽宁出版传媒更名为北方联合出版传媒。国家新闻出版总署署长柳斌杰认为，在中国出版业，北方联合出版传媒第一个实现了编辑业务与经营业务整体上市，完成了从传统体制向现代企业的根本性转变。

在文化体制改革中，率先出击的北方联合出版传媒在国内创造了一个个第一：第一家实行政企分开，第一家彻底进行产业结构调整，第一个将出版社的编辑业务与经营业务整体上市。运用从资本市场获得的力量，北方联合出版传媒在图书市场上打开了一道道大门，它不但展开了跨地域的横向合作，也实现了出版资源的纵向整合。

2008年6月，北方联合出版传媒以子公司万卷出版公司作为上市募集资金投入的“出版策划”项目的实施主体，成立了注册资本2 040万元的智品书业，著名民营出版人李克以出版资源入股。同时，万卷出版公司还和另一名知名策划人路金波合作，成立了注册资本2 000万元的万榕书业，路金波同样是以出版资源入股。随后在2008年11月，万卷出版有限公司又联手知名出版策划职业经理人汪俊，在北京设立了万邦（北京）书业发展分公司。至此，在中国出版业，北方联合出版传媒第一次把民营出版工作室托出了水面。用任慧英的话说：“过去很多出版单位都是私下的，因为在出版新闻管理上还有很多约束，但是

辽宁出版集团的合作方式是国有出资，民营以资源入股。

我们是公开托出水面，你要进入我的平台，你必须是有志于主流出版，甚至今后想为主流出版作出贡献，才能由水下浮上水面，进入我们的平台。”

作为这场资本合作其中一方的北方联合出版传媒，2007年12月21日实现了IPO上市。这步跨越，不仅意味着它成为“中国出版传媒第一股”，而且意味着一场历经7年的艰难改革，终于推动着辽宁省出版业从产品经营迈向了资本运营时代。

二、李克的一波三折

李克是智品书业有限公司的总经理、资深民营出版人，曾策划发行了《唐宋八大家全集》、《康熙字典》（现代版）、《中国历代碑刻书法全集》、《毛泽东诗词手书真迹》、《中国传世画谱》、《世界传世摄影》、《中国传世摄影》等多部优秀常销书，“智品藏书”系列已成为文化类图书中的知名品牌。

其实，李克20多年的书业生涯正是从体制内的出版社开始的。北大中文系毕业后，李克分配到中华书局，在出版社八年让他积累了丰富的出版工作经验。1992年，李克离开中华书局，刚开始在一家小书店做邮购，跟着别人一起做《公司法》、《合同法》等相关图书。1994年，李克了解到北京实业总公司有图书总批发执照，于是自荐，用1.7万元为自主创业的第一本书租型，一个人找印刷厂印刷、造货、入库、打包、发货，李克掌握了每个流程环节的所有细节。逐渐地，他在全国5座城市建立了自己的直销渠道，这些当年的销售商而今都成为当地颇有影响力的销售商。经过3年的发展，公司增加到了20多人，400万元的规模，公司的迅速发展开始出现涉及企业管理方面的问题，同时实业公司原先所承诺的股份并没有兑现。由于价值观的分歧，李克带着他策划的重点图书《唐宋八大家全集》离开了他一手做大的公司。

“清末就有了唐宋八大家文钞，但是一直到近现代都没有他们诗词曲赋文的全集，《唐宋八大家全集》就显得颇具创新性。”这套书成功地帮助李克打开了新局面。1997年，李克开始创业，租了个图书批发执照自己做。除了《唐宋八大家全集》，又开发了唐诗、宋词、元曲全集等产品。

“应该说，我是第一家将大规模的经典文史书放到直销渠道里的人，因为以前直销渠道都是经济类和计算机类图书，谁都没有想到文史类图书在直销渠道里也会取得成功。”《唐宋八大家全集》一直是李克公司支柱性的产品，每年都会重印，现在这本书在智品书业的资源库中依然发挥着作用。

在经历了几次创业又分家的循环后，李克明白了能找到有着相同价值观的合作伙伴比生意时机更重要，同时也坚定了他独自创业的决心。1999年，李克和现在唐码公司的前身创世卓越探索公司间的项目合作。依托自身传统经典的资源，李克拿出8个创意与对方的一个创意合并立项，一年半就获利1 200万元。李克的“优雅操作”与对方的“生猛出版”相互配合，获得了良好的收益。也因此，李克意识到图书的商业价值与文化价值不总是重合的，自己在平衡文化价值与市场价值的摸索中所付出的成本也是值得的。这项合作一直持续到2001年，在李克看来，这种形式对于民营公司来说是十分可行的模式。

2001年之后，李克开始做《康熙字典》，这个投入5年的项目，一个月就销售了几千册。这个时候市场也发生了变化，公司重组直销部，人员也发展到了七八十人。但是，李克认为自己公司的管理一直存在问题，现款结账、营销腐败严重。李克将在北大读过EMBA的弟弟引入公司，负责管理和运营，自己负责产品开发。弟弟认为市场化的企业品牌十分重要，他花了几个月的时间给李克的公司想出了“智品”这个名字。

2004年，在国家限令出台时，智品所有的产品线都停下来，到2004年年底公司只剩下29个人。而李克也决定重回北大攻读EMBA，读书成为他书业生涯里程碑式的转折，他开始考虑生产力与生产关系平衡的问题。学了商务统计，他明白任何结论都要用数字说话，从理念上改变了原先的经营观点。之后，李克在学校里每学一项，就在公司里实践运用一项。2004~2005年，“智品藏书”全部用宣纸印刷，专注做“新排古籍”。宣纸四色印刷工艺的改进，使图书的品质成为全国第一。在我国向全球的孔子学院赠送的书籍中，大都是智品藏书。

李克自在书业拼争以来，始终有着强烈的危机感，所以在2006年预见产业结构会在短时间内发生改变，产业规模有了滞阻的时候，就开始与业内人士探讨合作前景，准备更新自己的结构。在与北方出版传媒形成著名的合作之前，李克从未停止对它的关注，并一直期待着与资本市场的合作，直至与出版传媒达成合作便成为了强势生产关系与新兴生产力的紧密结合。

三、 路金波，从贝榕到万榕

被称为“出版界的捣乱分子”的路金波，1997 年进入网络公司，以网名李寻欢进行创作，出版《迷失在网络中的爱情》、《边缘游戏》、《粉墨谢场》，后任榕树下文化信息咨询有限公司总经理，曾运作出版畅销书《成都，今夜请将我遗忘》、《若星汉天空下》、《Q 版语文》、《一座城池》、《莲花》等书，更成功地推出了“小妮子”系列，制造了畅销书“流水线”，从而“把出版变成了工业”。路金波自从做了文化经理人，许多举动在业界频频惹出争议，如“天价版税”、“亿元女生”、“译写”外文作品，以及收取批发商“加盟费”而“挟畅销书以令书商”。

2006 年 4 月，民营传媒集团“欢乐传媒”斥资 500 多万美元收购榕树下，收购后的榕树下从网络文学转向互动娱乐。作为榕树下互联网公司的三大股东之一，路金波从此次收购中成功套现，直接入账超过 1 000 万人民币。整个榕树下实际上分两个部分：上海榕树下计算机有限公司（榕树下网站）和杭州榕树下文化信息咨询有限公司（榕树下文化公司）。原来的上海榕树下网站继续使用“榕树下”商标，而路金波执掌的杭州榕树下文化咨询公司分割为新的贝榕集团。贝榕集团着力为自己看好的作家提供经纪服务，而贝塔斯曼集团将为“贝榕”提供强大的资金支持。

然而，2008 年 7 月，贝塔斯曼关闭其旗下分布于中国 18 个城市的 36 家零售门店，并解散中国团队，退出中国内地市场，包括书友会、BOL 网、上海贝榕、辽宁贝塔斯曼发行有限公司（成立于 2005 年 5 月，注册资本为 3 000 万元，辽宁出版集团占 51% 的股份）和锦绣图书连锁公司，铩羽而归。于是贝榕开始瓦解，不复存在。路金波改投新东家。

2008 年 7 月，路金波在博客上公布了离职的消息，同时，原贝榕图书在上海地区的绝大部分员工经协商后集体辞职，加入路金波与辽宁出版集团合作成立的万榕书业图书发展有限责任公司（简称万榕）。路金波在博客中称新公司的核心团队“完整稳定”，业务也已经“有序开展”。同时原路金波旗下的大部分畅销书作家韩寒、安妮宝贝等也追随老东家一起加入了新公司。

路金波加盟北方出版集团，以作者与团队资源占49%的股份。

新公司成立后的第一把火便是推出“打开自己、海阔天空”万榕七喜名家澳洲行活动——由韩寒、安妮宝贝、张悦然、安意如、蔡骏、沧月等12位知名作家组成的明星作家团，一起完成由七喜品牌赞助的绿色漂流行程。而后，12位作家每人都以坚强为主题，结合经典童话，给经历过地震灾难的小朋友写一篇温暖人心的童话故事，并集结成书。路金波以此举将榕树下的第二次成功变身“昭告天下”，不失为一招妙棋。

万榕与辽宁出版集团的合作形式是：出版集团一方以现金注资成立一家新公司，对民营公司的资产经会计师事务所审计和评估师事务所评估后，作价计入新公司。其中对民营公司的资产、渠道、品牌等按照法定的评估办法评估，然后注入新公司，双方按照约定在新公司中各占一定的比例。辽宁出版集团出资2 000万，路金波在新的万榕公司中占49%的股份。路金波在博客中提到万榕公司注册地在沈阳，实际在沈阳和上海运营，主要管理团队成员和大部分员工都在上海，并附上了辽宁出版传媒关于合作的公告。

四、给一个“牵手”的理由

2009年初，国家新闻出版总署署长柳斌杰在全国新闻出版局长会议上的工作报告中提出：“要积极研究民营文化工作室参与出版的通道问题，对于规模大、实力强、导向正确的民营文化工作室要积极支持、正确引导、加强管理，发挥好新兴文化生产力的作用。”并提出，要抓紧研究解决民营文化工作室的发展通道问题。随后4月份，新闻出版总署公布了《关于进一步推进新闻出版体制改革的指导意见》，柳斌杰表示，民营资本将被吸纳参与出版行业的融资。

这些利好的政策所带来的心理效应远大于现实意义，民营书业被政策认可，国家在方针政策上为民营书业规划了蓝图，2009年4月以后，一些民营出版商与大的出版集团在资本与项目方面的“公私合营”达到了一个小高潮。

而早在2008年7月，路金波就以自然人的身份与北方联合出版集团旗下的万卷出版公司合作，路金波说：“我以为我们是第一个吃螃蟹的人，当时还没有正式的政策依据。9个月之后，才发布了《指导意见》。”

民营与国有合作，要看双方并购合作是否有利于企业的发展。就智品而言，品牌影响力、自身管理能力等各方面都比较成熟，发展态势较好。同时，智品从一开始就是自主经营，资金流动好，盈利能力强，而缺乏的正是出版传媒所拥有的政策和资金优势。

对于资本运营的“出版新政”，辽宁出版传媒高层俞晓群认为：“民营书业已经增长得这么快了，总无视它的存在肯定不行。承认他们的存在，就要有一个恰当的评价，这次最大的进步就是承认民营是先进的生产力，是文化建设的重要组成部分。但是要给民营什么政策？这个问题要我个人来说，政策给的还是远远不够，就应该从政策上给民营和国有同样充分的空间，不能国有是‘亲的’，民营是‘后的’。当然反过来也不对。”

出版传媒在全国率先实现编辑业务和经营业务整体上市后，快速推进了以资本运作手段对业内国有和民营优质出版资源的并购和合作。通过对国内畅销书和常销书市场的充分调研与分析，以经营业绩、资源储备、发展潜能的综合审核与测定为依据，确定了并购和合作目标群。对民营公司的选择标准，应该保证强强联合和互补的选取原则。选择智品，令出版传媒兴奋的是拥有了可以奠定产品结构“金字塔”塔基部分的稳定持续的常销书产品；而路金波的畅销书策划能力和炫目的作家团队是出版传媒品牌阵容和市场份额不断扩容的发力点。

合作之初，最早是贝塔斯曼与辽宁万卷接触洽谈合作，那时候路金波代表的是老东家贝塔斯曼跟辽宁出版集团商谈，而后随着贝塔斯曼从中国区的撤出，这场谈判便成就了路金波与出版集团的姻缘。路金波看中的是出版集团雄厚的资金和合法的身份，以及上市公司的平台和资金链；而出版集团看中的是路金波丰富的出版资源和项目。

在合作中，路金波是以自然人的主体带领他100%的管理成员、95%的员工和全部的作家团队，与万卷形成利益联合体。2008年7月，万榕公司正式运营，这是资本与资源巧妙结合的产物。这个合作形成了一个完整的出版机构，路金波称“蜜月期依然延续”，合作之初的谈判非常详尽，将合作中遇到的各种情况几乎全部考虑到，并详尽地订立在合约中，包括授权范围、授权级别，预算管理，信息化管理，都做了规范，所以万榕至今还没有遇到什么运营方面的大问题。而出版传媒本身就是上市公司，其规范严格的管理也会让合作非常严谨而有效。

五、优势互补的“化学效应”

万卷出版公司是北方联合出版传媒旗下的一家年出书仅120种的小型出版社，北方联合出版传媒上市后，通过资本运营，万卷启动了“出版策划”项目，万榕、智品和万邦的加入，让出版传媒的触角开始抵达北京和上海两个出版重地。出版传媒的出版范围开始扩展到青春小说、名家经典和绘本漫画领域，开始显现出版的聚合效应。在2009年全国图书订货会上取得了开门红。订货会期间，出版传媒携420多种2009年第一批最新图书，以及近几年出版的3 800多种畅销产品亮相，获得大批订单。出版传媒上市募集资金“出版策划”项目的实施主体万卷出版公司和其旗下经并购整合建立的万榕、智品、万邦三家公司，联袂推出韩寒长篇小说《他的国》、石康长篇小说《奋斗2》、饶雪漫长篇小说《离歌2》、蔡智恒新作《回眸》等一大批首印量10万册以上的畅销书，占有全国青春文学图书市场18%的份额，一举跃居细分市场前三位。而文史经典系列《家藏四库》继去年出版四辑80个品种，年内主要品种平均再版三次以上，实现销售6 000余万元基础上又推出20个新品种。

与畅销书在短时间内对市场的显著拉动效应相比照，常销书则以稳健的销售态势呈现长时间的市场人气。出版传媒始终围绕畅销书和常销书两大着力点进行经营运作，不断增进产品力和销售力。在2009年订货会上，万卷出版公司推出由著名国学大师季羡林推荐的《中国通史》系列图书，以及《柏杨白话版资治通鉴》、《周国平精选散文系列》、《智品藏书宣纸系列》、《家藏四库》（第五辑）等重头书，兼具畅销和常销双重属性。而宣传中华传统文化的《家藏四库》丛书，正在创造全国单套书销售亿元纪录。

北方联合出版传媒（集团）股份有限公司万卷出版公司总经理李英健说："到2009年的5月份，我们整个的万卷出版公司在市场占有的份额，据开卷统计达到了第32名，也就是说在全国570多家出版社的总排行32名。"

2009年，在全国各行业普遍受金融危机影响的背景下，作为"中国出版传媒第一股"的北方联合出版传媒的图书销量却始终保持持续稳健快速的增长态势。在2010年1月的全国最大规模的、被称誉为"书业发展风向标"的北京图书订货会上，北方联合出版传媒再次以突出的畅销书、常销书阵容和鲜明的特色产品集群强势出击，向业界展示出其品牌竞争力和市场竞争力。韩寒的《他的国》、安意如的《美人何处》等一批有较强影响的作者的图书成为书商追捧的对象；《家藏四库》丛书实现了单套书市场销售过亿元的业绩，《道德经》、《四书五经》仅推出一个月就登上了全国畅销书排行榜。

通过并购，出版传媒把贴近市场的民营资源纳入到出版发行平台当中，双方的优势对接带来了1+1>2的结果。资本和资源结合之后，万卷出版公司的图书品种扩大了3倍多，营业收入和净利润分别增长697%和642%。

出版也是一种创意产业，其中最稀缺、最宝贵的就是图书选题策划资源。在吸纳了三家民营公司之后，出版传媒所形成的核聚变释放的能量是惊人的。李英健说，万卷公司以前每年出版图书120种左右、销售码洋3 000万元。而在并购出版资源后，2008年下半年出书规模就达到400多种、销售码洋达1.4亿元。

通过图书产品结构的强力调整，打造优势和特色产品线延伸品牌效应，出版传媒的主营业务也实现了"内生性增长"，一系列经营发展模式的创新，使出版传媒出版了一大批10万册以上销量的畅销书，连年保持图书再版率高于全国平均10个百分点的良好佳绩。

国有收购方对此兴奋，被并购的民营公司也同样兴奋，“有一种如鱼得水的感觉”。知名出版策划人、现任万卷出版公司副总裁兼智品（北京）书业公司总经理的李克如是说，“过去担心的是民营出版策划没有正式合法的通道，发展空间受诸多‘瓶颈’制约，进入集团之后，成为体制内的主流出版人，现在考虑的是在这个大舞台上如何唱出精彩大戏。”只有生产力找到适合自己发展的生产关系，才能形成良性快速的发展，智品进入了“内升性”成长，进入快速成长阶段。在合作之前，智品每年出版100多种图书，完成七八千万的码洋；合作之后的一年，由于有了强大的资金支持，前期积累的选题得以快速投入到产品线上，2009年底出书品种达400多种，码洋也达到了2个亿。

有了经济资源支撑的智品，便开始打造企业文化。李克认为智品已经到了企业管理的第三个阶段——价值观管理阶段，除了技术层面的磨合，更需要非常优秀的管理模式：是用集体而非个体的力量。为大众提供最精致的内容产品。文化企业要有为民族文化复兴努力的责任感。与此同时，实现个人的最大价值，这是智品确立的企业价值观和心得。

以前路金波的公司每年只能出七八十本书，而有了资金的注入，到2009年7月出版了300多本书，码洋达到1.5亿元；在运营方面，万榕书业着力在青春文学市场，按照作者的创作状态和市场人气，对潜力型作者、已经具有显著的市场人气的明星作者，进行不同方式的经营运作。最新作品出版的短线经营和个人作品精选文集出版的长线运作相结合，提高作者号召力，延长产品市场热销和影响周期。到2009年底，码洋便达到2亿元。路金波深有感触地说：登上这个新的大平台，就是要不断突破自己，把梦想变成现实。

六、必不可少的磨合期

（一）运营模式至关重要

国有民营联姻皆大欢喜，但在具体实际操作层面上还需要不断磨合才能到达和谐共生。

2008 年 11 月 5 日，北方出版传媒梅开三度，旗下万卷出版有限公司继辽宁万榕书业发展有限公司和智品书业（北京）有限公司后，又在北京设立了首家分公司——万邦（北京）书业发展分公司，并签约知名出版策划职业经理人汪俊出任总经理。

汪俊有着 20 余年出版营销策划经验，其一手创立的北京邦道图书公司成立于 2001 年，秉承着“邦有道，不废!”的企业文化，以社会科学、生活健康、漫画绘本等领域为主要拓展方向。公司常年经营图书品种达 200 多个，其中《边城》、《长河》、《湘行散记》、《金粉世家》、《啼笑因缘》、《安静》、《守望的距离》、《天使迷梦》等二十余种图书登上全国畅销书排行榜。2006 年，邦道公司引进了号称“日本金庸”的山田风太郎创作的忍者题材巨著《甲贺忍法帖》，还带来了在日本和《甲贺忍法帖》享有同样声誉的另一本忍者巨著《柳生忍法帖》。2007 年，正值《老夫子》漫画诞生 45 周年之际，邦道公司与安徽黄山书社携手重磅推出了《老夫子》简体字版升级版，为大陆的读者奉献一道精彩的文化盛宴。

2009 年 1 月，万邦书业已推出了经典作品《金圣叹全集》、周国平散文系列等。同时，还与日本讲谈社建立起长期战略性合作关系，在项目上保持长期的合作。借推出日本国宝级绘本《翡翠森林狼和羊》之机，万邦书业将打造一个系列的绘本产品，以推动“读图时代”的进程。此外还有图解健康系列，以及从台湾引进的《柏杨白话版资治通鉴》系列等作品，很好地丰富了万卷公司整体的产品结构。

然而到了 9 月，有媒体报出，汪俊已向万卷出版有限公司递交辞呈，辞职原因为个人身体不适。当初并购时北方出版传媒发给媒体的新闻通稿中，称“汪俊有着二十余年出版营销策划经验，善于通过营销细节最大限度地开发优质内容资源，其积累多年的版权贸易经验和已签约出版资源对于万卷公司大规模、高起点地开辟新的业务领域具有重要的意义”。但在 8 月底北方出版传媒发布的 2009 年半年度报告中，称“万卷出版公司于 2008 年下半年与国内知名出版策划人合作设立的万榕公司和智品公司正式运营，出版发行了大量畅销图书，拉动公司一般图书出版的迅速增长”，已经见不到关于万邦的只言片语。

2009年11月，中南出版传媒集团北京涌思图书有限责任公司在京成立，北京涌思图书有限责任公司是中南出版传媒集团（简称“中南传媒”）的子公司，总经理正是汪俊。汪俊以现金出资占涌思图书公司10%的股份，中南传媒占90%的股份。

与出版传媒“牵手”还不到一年便转会湖南，汪俊并不愿意详说其中原因，但他认为，许多人只看到了国有与民营合作在体制上的问题，而他觉得运营模式才是最大的瓶颈。他说，此次与中南出版传媒的合作便解决了这个问题。国有与民营合作，多数是将其归属到集团中的某家出版社，但涌思公司是集团直接所属的子公司，汪俊认为这在全国是第一家，而且在短期内不会有第二家。出版社本身就是实体，再与一家民营实体合作，本身就会有利益上的问题，而由集团直接管理民营公司，反而会帮助公司降低风险，提高效益，利益上也不会有冲突。

（二）运行效率有待提高

在李克看来，虽然合作之后，许多环节改变了原来的运行方式，但总体都是向好的、规范的方面发展，智品一直在良性运营。出版集团在合作的一开始就派驻一位财务总监到智品公司，此人同时兼任公司副总经理，但监管范围仅限于财务，而不涉足选题发行等其他事务。在选题方面，智品会定期向集团报一批选题等待审批，而对于过去需要到各个出版社联系买卖的书号，现在并不是需要考虑的问题，只要选题得以通过，就可以拿到书号。书号按照流程申请，通常需要一周到半个月可以办完全部手续。智品每月申报的选题基本都通过。只是最后集团终审的时间比较长，一部稿件公司经过三审后，要交到集团进行终审，做最后把关。尽管这一环节又延长了图书的出版周期，但终审的认真负责对稿件质量的提高有很大的帮助。而智品通常会将返回的稿件交给责任编辑亲自对照修改，以便学习提高。而目前存在问题较大的是外版书的审批，按照辽宁新闻出版局的要求，本省出版的外版书一律要事先通过该局的审批才能印制，由于审批时间较长（通常需要一个月左右），效率比较低，对图书的出版上市影响比较大。在这一方面，集团与智品都在想办法研究对策，以制定新的流程来应对这个环节所带来的不利影响。

图书印刷流程比过去变得复杂，因为投资方是出版传媒，所以需要智品将印制审核、成本核算等程序一一上报，审批后返回再在北京印刷。虽然程序繁复，从而增加了人力成本和时间成本，但李克说，这是合作运营的必然步骤，公司和集团双方在逐渐建立并完善起来的流程上规范运行，最终就能达到好的效果。

由于集团在财务方面的介入，智品在公司数据管理上取得了很大的进步：对外销售的统计以及对内出库的统计，数据都可以做到即时性，这是过去无法做到的。

独立灵活的人事权令李克建立起一个两地高效联动、精干优秀的团队。2008 年 11 月，智品在集团总部沈阳建立了一个沈阳工作室，隶属智品（北京）有限公司，这个素质强、能力优的团队负责公司与集团双方的稿件传递和大型项目的编辑制作。由于对公司的前景认同和较高的忠诚度，这个凝聚力很强的部门与北京总部形成了优势互补，成为李克人才建设方面的成功典范。

早在 2004 年事业处于低谷的时候，李克重回北大攻读 EMBA，这个学习经历是他书业生涯的里程碑，之后他的管理理念更加科学化、系统化。在智品的员工人数达到百人、年出品量超过 400 种规模的时候，他意识到个人决策企业每个细节的成功率会大大降低，于是他提出了“把流程铸成企业信条”的目标，用流程管理模式去取代落后的智能管理模式。李克的理念得到了集团的认可，于是集团在改制过程中会请李克参与制定流程，并会借鉴智品某些已经成熟的管理模式。

信任是李克一再强调的字眼，双方建立在互相信任的基础上，即便遇到很棘手的事情也能做到对事不对人，针对具体事情进行沟通，共同协商解决的办法。

到 2009 年底，智品公司的盈利状况虽然称得上“还可以”，但没有达到双方合约的预期目标。客观地讲，这里存在公司人力成本快速增加的因素，也有集团没有按照合同的规定追加到位的资金，这其中牵扯很多复杂的环节和无法言说的原因。如何保证民营的优势继续得以发挥，实现资本增量的同时实现增益，智品与出版传媒都可以开诚布公地展开讨论，双方分工解决，处理争议和矛盾，共同制定新的流程以规范今后的合作行为。

国有出版集团领导的不稳定也是不少民营机构的担忧，领导的经常变动也将带来出版社对与民营合作的态度、政策和发展战略的改变，对民营公司的稳定发展不利。因此李克认为目前公司与集团的磨合应该是一个流程管理模式形成的过程，将公私合营形成的这个新实体过去犯的错、现在犯的错，以及未来将要犯的错全部刻录下来，然后剔除于新实体运行的流程之外，最终集优成一个全新的、最接近无差错的运行流程，就可以规避上述忧虑与担心。

（三）“蜜月”之后避免“七年之痒”

路金波说：民营出版机构与出版社在资本和项目合作中需要解决的根本问题，目前还看不出来，因为一些深层的问题现在还没有暴露。相对来说，现在都是最好的民营和最好的国营在合作，而且各家都处在“蜜月期”，还没有到“七年之痒”的时候。实际上现在发展是最好的时期，这是大气候使然，至于以后会有什么问题，现在还看不出来。

万榕与出版传媒的“蜜月期”依然延续，万榕在宏观上没有什么问题，到目前为止遇到的仅仅是经营层面的问题。例如，刚开始错误地将分工中的生产和货运放在了沈阳，实际上，沈阳的服务水平和生产规模都达不到万榕运营的要求，仓库的数据也不准确、服务不到位、配合缓慢。于是，在运行了四五个月以后就将印务转到了北京，目前这方面的问题已经解决。这是由于万卷公司过去生产规模小，现在一下子增大了生产量，印务承受不了。

2008 年 12 月出炉的“2008 作家富豪榜”的 24 人中有 11 人是万榕的主要签约作家，从与贝塔斯曼联手的贝榕，到与辽宁出版集团旗下的万卷公司合作的万榕，路金波已将自身打造成中国出版业的新典范。无形资产的评估问题是国有与民营合作谈判中遇到的首要问题，在与出版传媒集团的合作中，路金波的公司品牌和个人的号召力显然获得了较高的估价。但再优质的资源也讲究可持续开发，尽管路金波在 2009 年制造了饶雪漫主编的杂志《最女生》挑战郭敬明《最小说》的高调发布、“90 后贱女孩”的“跨界”出版、“亿元女生”沉冤得雪，以及石康经营“奋斗 2.0”作家变身 CEO 等一长串炫目的出版新闻，但 2009 年底出版界最热闹的新闻，却是一直被路金波"垄断"的作家韩寒"转会"的消息。路金波第一时间在博客上回应了此消息，他提到：韩寒是万榕公司的"男一号"，每年为万榕贡献2 000万码洋，约占总规模的10%，他认为到目前为止，万榕严格意义上没有流失过任何一个重要作者。对于是目前失去了韩寒的一本书，还失去了饶雪漫及沧月的一本书，路金波说："坦率地说，我的确一点也不难过。塞翁失马，焉知非福。'垄断'一定不是好的制度安排。现在，我们在做，别人也做。有竞争，有压力。向行业同仁学习，才能进步。"也许路金波博文中提到的压力是他真切感受到的沉重，抑或是他表抑实扬向对手宣战的表达。无论怎样，以"资源出资"的路金波在当初与出版传媒成立合资公司时，就签下了国有出资方为平衡风险订立的"对赌协议"，即获得融资的民营公司如果没有按期完成既定任务，则减持其在合资公司中的股份，这份协议是挑在万榕肩上实实在在的担子。

而对于国有一方占51%股份、民营一方占49%股份的合作模式，民营方最担心的是有没有公平的精神。路金波说："如果我跟你始终是公平第一，始终是平等的自由恋爱，那什么都好说。如果是嫁入豪门，或者是'小三'的心态，在合作中就会有先天的不平等。比如说董事会的矛盾、战略的制定、现代企业的治理模式，如果不能很好的执行，侵犯的首先就是小股东利益。"

民营教辅类公司与国有出版社合作状况调查

鲍　红

中国出版业是教育出版撑起来的，国有出版社的利润来源主要依靠教材，民营公司因为开发教材受限，其利润来源主要依靠教辅。这里的教辅，即是教育辅导或辅助类图书。

教育出版的特点是：它具有相对的稳定性和连贯性，容易形成版权积累；又因为中国学生人数众多，容易做出企业规模。规模较大的民营公司多集中在教辅领域。教辅领域的民营公司数量虽然没有社科领域的多，但通常规模较大，教辅公司一家的销售码洋能顶得上几家社科类公司的销售码洋。能进入教辅第一梯队的几家民营公司，年销售码洋达到十多亿元；第二梯队年销售五六亿的成员不下二十家；年销售码洋过亿的教辅公司，就更是数不胜数了。

在教辅出版领域，无论是整个市场的份额，还是单个公司的实力，民营方阵已经大于国有方阵。在系统发行领域，由于地方保护，出版社还占有相当的份额；但在完全竞争的零售市场上，90%以上的份额是由民营公司实现的。

民营是国有的强劲对手，但民营没有出版权，要想从事图书策划，必须与出版社“合作出版”。他们是如何进行合作的？

为此，笔者走访了大量民营教辅公司，将所得的信息和资料整理成此文。为了公平起见，本书另有专门文章，从国有出版社的角度来评看与民营公司的合作。

合作方选择

民营公司如何选择国有合作方？不同民营公司的心态和标准有所不同。综合起来，大体有以下几种。

（一）方向对口，品牌良好

许多民营公司负责人认为，选择合作方要考虑其与自身产品定位的对口。教辅属于教育类产品，第一选择当然是教育出版社，其次是师范大学出版社。有品牌的教育出版社最好。

由于教辅多集中在中小学领域，品牌最好的教育出版社，自然非人民教育出版社莫属了。修远文化总经理唐小平涉入行业之初就非常在意合作方的品牌，就是与人民教育出版社合作的。而万向思维董事长刘增利等人之所以看中某某出版社，是因为它既是教育出版社，又在首都北京，品牌好，名气大。某某出版社除了中小学教材租型，自身走市场的产品很少，但有许多优秀的民营公司与它合作，使其知名度进一步提升。

除了教育出版社外，其他有品牌的出版社也是较受优待的。全品文化总经理肖忠远说，他当初也特别在意出版社的牌子，曾与商务印书馆、人民出版社、北京大学出版社、人民大学出版社等合作过。当然，代价不菲。

对品牌要求其次的，是希望出版社的名字好听。比如说某教辅民营近年来与某省少儿出版社稳定合作，这个名字对教辅产品并不算好，2009 年初此少儿社改名为阳光出版社，民营公司非常高兴，觉得自己赚了个好名字。

还有人希望出版社从名字上最好看不出地域。以志鸿教育集团为例，他们合作的出版社，没有一个名字上是哪个省或市的出版社，其多年合作的南方出版社虽有“南方”两字，但毕竟是个泛泛的概念，看不是哪个省。他们担心一个地区的读者面对另一个地区出版社的图书，在选择上会产生心理障碍，所以尽可能选择像南方、西苑这样看不出地域的出版社，免得受地域局限。

（二）寻求安全与规范

许多着眼于长远发展的民营公司，更愿意选择安全与规范的合作方，尤其是一些已经做大的民营公司，更愿意从正常经营中谋求稳定与持续的利润，对于政策风险非常忌讳，他们甚至愿意为此付出更高的经济成本。

有“北有××，南有××”之称的××××出版社，合作的几家民营公司操作都是非常规范的。出版社设置了许多方便，帮助民营公司规避风险。除了由出版社支付纸款、印刷费，而且合作民营公司的销售款均回到出版社，由出版社提取一定管理费后及时返给合作的各家公司，几乎在操作环节中找不出什么纰漏。

某民营公司是家规模非常大的教辅公司，一度冲上10个亿的销售码洋，每年几千个品种。董事长曾说，他很感谢某出版社，除了它，不知道别人敢不敢给他那么多号。因为规模太大了，一般出版社害怕。一次出版社领导在给合作的多家民营公司开会时说：你们看，会议室里有个牌子，写着“禁止吸烟”，但我是可以吸的。言外之意，该出版社有特殊的政府背景，有别人享受不到的优势，能够给民营公司提供更安全的港湾。也正因此，该出版社成为全国与民营合作规模最大的出版社。

某民营公司董事长××也说，他们之所以选择操作比较正规的出版社，是觉得出版社的团队和编辑力量还是比较有优势，教育的资源也要多一些，对于民营的品牌是有好处的。规范的出版社要求是严格一点，但是对民营的编辑力量和团队建设确实是有好处的。

（三）人际关系

合作在相当程度上就是与人的合作。所以，在合作中，人际关系也占有一定的分量。

据××教育董事长×××介绍，他们合作的这些出版社，都是历史上的关系，Y大学出版社是当初他在吉林初入书业之时就开始合作的，与R出版社合作是因为有一个女编辑是他的老乡，S出版社是跟他们老总很熟，J出版社也是通过人脉资源形成的，都是熟人介绍。

××公司董事长×××也说，他们与J合作出于一个偶然的关系，原来某省新闻出版局的领导，是个很好的朋友，后来调到J出版社，××公司就把自己的全部产品从人教社移到J出版社了。而且J出版社合作很正规，该盖章盖章，该开票开票，开票时也不用再交税，而且它能够全开票。

许多民营公司表示，他们非常重视企业法人，尤其是与社长的关系。合作一定要找对人，否则事倍功半。曾有一家民营公司的教训是，他们找了出版社的副社长，无奈这家出版社的社长与副社长有矛盾，遂使合作多有波折，效率大受影响。

（四）价格便宜，操作简便

价格便宜对于任何人来说，都是最务实的选择，经济成本是个硬道理。操作简便关系到合作的顺畅与效率，也是民营公司非常在意的。

价格最便宜、操作最简便的当然是一些地处边远或经营效益不好的出版社，而且操作起来非常简便。不像一些大的、有品牌的出版社，要求的程序比较多。

经济成本是个硬道理，但并不是所有公司都去找最便宜的书号买。××教育总经理×××说，太便宜的出版社不行，得考虑公司和产品的品牌。还有一家民营公司老总说，低于一万块钱的号她根本不要，觉得那么便宜让人心里不踏实，肯定里面有问题。

以上几点是民营公司合作中考虑较多的。当然，许多考虑都是综合的，正如×××董事长××所说："选择的标准，一个是看出版社的特长在哪里，如果跟教辅一点关系都没有，是做社科的，我们不会去考虑。另外一个考虑到双方的融洽程度，因为这个书号一旦确定，我们产品的上市是有时间限定的，在某个时间之前得把这个事情办妥；如果说对方拖拖拉拉跟你玩扯皮，就会影响整个产品的进度。当然，还会考虑费用的问题。"

每家民营公司都会综合比较，选择一家性价比最高的出版社。这种合作意向的谈判，也是民营公司经常遇到的问题。一顿饭之间，成与不成已有定论。"前段×××出版社来找我们合作，他们的价格更高，每个号高达2万5。他们也来公司了，聊了一下吃个饭走了。谈不成，太贵了。"

无论选择什么合作方，无论选择的标准是什么，每家民营公司都希望双方的合作稳定、顺畅。越是大规模的教辅公司越希望稳定。一般来说，经过十多年的磨合，许多大的教辅公司都有相对稳定合作的出版社。但既然是合作，就说明两者还是利益不同的主体，更换合作方也是比较常见的。

有的更换是寻求更加规范。

山东梁山是农民教辅的发源地，书业对他们的争议很大。好评说他们的直销模式更为有效，产品质量也不差；恶评说他们靠盗版盗印起家，高定价低折扣助长不正之风，而且这种折扣几乎把整个教辅业都拉下了水。经过多年打拼，目前梁山许多企业已经成长壮大，有的年实收款就达2亿多元，做大的梁山企业也在寻求规范。

×××公司是梁山的一家教辅公司，目前销售码洋已达10多亿元，董事长×××说，早期他们与Y出版社、G出版社、R出版社都合作过，后来感觉很乱。“现在就开始和X和S出版社合作，他们程序走得很规范，发展到这种程度，我们把自己也规范了。这两年我们都要交出版社审稿，再付一定的审稿费。出版社还是真审的，当然审出来的问题肯定少了。”

同在梁山的×××公司总经理×××也说：“我们原来用Y出版社的号，还有H出版社、Y出版社的，随时都能要到号。后来用了几年之后，感觉一点儿都不规范，有的号一查是多少年前过期的号，有的甚至发现根本就不是他的号。后来，我们就开始找更加正规的出版社，不愿意再跟他们掺和了。到了一定程度，民营公司也想树立自己的品牌，选择更为规范的出版社合作。”

有的更换是寻求更加实惠。

××文化公司现在固定的出版社是G出版社和X出版社，其他的就比较少了。总经理说：“从业十多年，我原来合作的出版社多了，我合作的这些都是比较厉害的，中国最出名的出版社我都合作过。当年和M出版社合作，14个号，做了几年，他大概总共赚了100万。和另一家大出版社合作的时候，我一把就给他50万。现在想那个时候我很傻。估计现在很多人，照样在走我这条傻路子。就算在首都北京，只要多打听打听，更便宜的书号还是有的。”

此外，导致合作更换的原因还有很多。比如出版社的人事变动、合作中一方的不诚信、合作中的效率不对接，等等，各种原因都可能导致合作的分手。

因为一家出版社的书号有限，因为各社的专业分工不同，因为民营公司希望分散风险，通常来说，民营公司合作的出版社不止一家。通常少则两三家，多则六七家，有的甚至达到二三十家。

只与一家出版社合作的民营公司极少。笔者接触的民营教辅公司不下50家，只有武汉接力公司与广西接力出版社一家长期稳定合作。一般来说，民营公司合作的出版社至少两家。如万向思维与北京教育社和开明出版社两家长期合作，曲一线与教育科技出版社和首都师范大学出版社两家稳定合作，江苏春雨的合作出版社以中国少年儿童出版社为主，同时还有吉林教育出版社。

还有许多民营公司通常都与5～8家出版社同时合作，如金星教育、志鸿教育等。

金星教育每年十几亿元的销售码洋，5 000多品种，合作的出版社有8家，有北京教育、陕西教育、河北教育、辽海、辽宁教育等教育出版社，还有人民大学、人民日报、延边大学等出版社。公司不同的产品与不同的出版社合作，合作比较多的是北京教育、陕西教育出版社。

志鸿教育现在比较经常合作的也有七八家，南方出版社、光明日报出版社、西苑出版社等是主要的几家。原来与F出版社合作的产品最多，后来双方有一些摩擦，志鸿教育遂将近几年新推出的“学习高手”系列，从F出版社转移到G出版社合作出版。

而××教育合作的出版社更是多达30余家。副总×××解释说，其实最主要的合作出版社是五六家，但零零散散加一起就有30多家。之所以这么多家，一是因为不同出版社的资源是不同的，合作的方式也不同；再就是一家出版社一年没有那么多书号，满足不了公司的需要。这样的结果，就是每年零星合作的出版社不少于十家，加上往年重印的产品，一起就是30多家了。

二、合作方式

谈到国有民营的合作方式，可以说五花八门，无奇不有。调研中，什么个性化的合作方式都能遇见，每家公司的具体操作都可能不一样。而且，同一家民营公司，可能以多数方式与不同的出版社合作；同一家出版社，也可能采用不同的方式与不同的民营公司合作。

细分一下，我们将其归纳为以下几个方式：简单的买卖书号，批量买号，版税制，项目合作，资源转换，挂靠出版社，合资公司。

（一）简单的书号合作

这是最简单的合作方式。书稿策划、编辑、印刷、发行等环节几乎全部由民营公司完成，出版社只收取固定的书号费用。例如某民营公司与北京某出版社合作出版的教辅类图书，在图书的三审单中，初审、复审均由民营公司人员担任，终审为出版社人员。出版社为其开具委印单，印刷费由民营公司直接支付给印刷厂，并从印刷厂提书。发行也全部由民营公司负责。

目前，规模较大的民营公司基本上过了一号一议的阶段了，这种简单的买卖书号在小民营公司和小出版社操作的比较多。

（二）批量书号合作

不用说，就是将书号打包销售，大量批发的意思。用×××的话说，就是让管理费“除不尽”。“这一套书就给出版社一百万，虽然还是按一个号多少钱，但是整体却让你除不尽。上面过来一查，不是一本书正好一万五，而是一万三千三百三十三点三三……除不尽，就不算买卖书号了。”

规模较大的公司每年出版的品种多，多采取批量买号的方式。较之一号一议，出版社也更乐于这种方式的合作。一般来说，批量较之一号一议总体上更便宜些。但对一些大品牌的出版社，批量买也便宜不了多少。

（三）版税制

版税制的付费方式，类似于作者通常拿的版税，民营公司按约定套数的一定比例交纳管理费。比如，按1万册码洋的7%或者8%，或2万册码洋的3%提管理费。如果一本书定价20元，按1万册的8%交管理费，就是1.6万元。

出版社不管这本书民营公司到底销售了多少，只管按约定的册数收版税。如果约定的印数是1万册，小版本的书民营公司卖不了1万册自己就亏了，大版本的书卖了5万册赚了也是自己的。

版税制实质是书号费的一个变种，只是计算方式不同，其大体成本相当于一个书号费。

（四）项目合作

还有的民营公司与出版社的合作模式是：出版社每年对民营公司出版的项目进行评审，看多少项目还在运转，其中有多少新书，多少重印，然后评估民营公司应该向出版社交多少管理费，有人称之为项目合作。

教辅图书通常一个套系称为一个项目，一个套系多采用同一个出版社的书号。一个套系的单品，少则几十本书，多则上百本书。规模越大的公司，套系越多，一个套系的单品数量也越多。如金星教育公司，常年运转的套系有十余个，一套“教材全解”系列，包含各个年级、各个科目、各个版本的图书达600多本。

（五）资源置换

所谓资源置换，就是民营公司以自己的内容资源和渠道资源置换出版社的书号。社科领域的民营公司大多采用这种方式。

教辅领域的民营公司与社科领域有所不同的是：教辅公司通常规模和实力更大，在资源置换中拥有更多的议价优势。正常情况下，社科类公司通常要把整个主渠道（新华书店）都出让给出版社，而教辅公司不必。像××教育、××教育这样的大公司，有时只需出让一个省的市场。比如跟某省一出版社合作，用出版社一个书号，只需把这个省的市场让给出版社，除此之外所有的市场和渠道都是民营公司的。实力稍弱一点的民营公司，给出版社出让的渠道就更多一点，比如说6个省或10个省，还有的出让一半的主渠道。

（六）挂靠出版社

就是民营公司挂靠在某家出版社名下，以某某出版社分社、某地图书中心，或某某社编辑部、发行公司的形式存在。这种挂靠一般出版社只出书号，挂靠公司每年向出版社交一定利润。

有的民营公司是以整个民营公司的名义挂靠，比如中少和平和世纪捷进；还有的是以民营公司成立一个分公司的名义挂靠，比如××教育和××文化。××文化公司总经理×××详细介绍了挂靠的情况："最近政策鼓励搞合作，我也在干。我现在是××出版社的分社社长，相当于出版社的第二实体，就是又注册了一家公司，都我掏钱，他一分钱不掏。我搞这个分公司，就是为了扛个大旗，再就是要他一个号。然后我再弄点儿选题，让他也挣点儿钱，这个公司跟我这个母体没关系。"

（七）合资公司

教辅类合资公司不多，而且在业界存在较多争议。

教辅书业有家小熊图书，人们多只知其主编王后雄，少有人知其公司操盘人熊辉；或有人知道熊辉其名却以为这是个男的，甚至在网上都查不到他们公司的名字。笔者到武汉调研，才知道这家公司叫武汉接力。之所以名叫接力，是因为它跟广西接力出版社合资，接力出版社有约15%的股份。他们用出版社的书号要更优惠一些，因为还要定期给出版社分红利。熊辉为人极其低调，不慕虚名，她觉得这种合作方式比较稳定，没有那么多麻烦。十几年来，合作稳定，武汉接力可算是真合资和好合资的典范。

××实业公司与××出版集团也成立有合资出版公司，双方共同投资，集团占51%的股份，××实业公司占49%。经营方面由公司全权负责，出版社监管财务，并对选题提些建议。双方按照利润分成。但公司董事长×××也有顾虑："集团与我们合资图什么？就是民营的机制和经营能力，他可以控股当法人，当董事长，但运营要交给民营。如果民营公司投了钱，却当做一个国有出版社在管，这个合作就失败了。"

自海豚卡通与长江出版集团合资成立海豚传媒，被媒体炒作为"国有民营合资第一案"以来，合资公司日益受到出版界的追捧。长江出版集团、辽宁出版集团因在合资方面屡屡有新动作，赚得行业众多眼球。2009

年年初总署发布《关于进一步推进新闻出版体制改革的指导意见》，一面要国有出版社转制，一面要给民营合法通道，并鼓励双方开展多种方式的合作。国有民营公司合资合作之风劲吹，许多业绩较好的民营公司，都迎接N多批出版社和出版集团的考察了。

××教育集团跟四五家出版集团谈，但没达成一个协议。出版集团要并购他们，控股51%，公司不同意。他们希望集团教育出版社给他一块经营权，"出版社的教材和计划内的东西继续经营，其他的我来运作。我也不需要他投资，集团只是投个壳和书号，经营的钱可以拿走51%。出版社名义上还是他的，我不过是要一块经营权。给我授权以后，我就可以直接到出版总署去申请书号了，就不受制于他了，我就可以放开手干了。"但集团不同意。

在教辅领域，××公司总裁××的说法较有代表性："我为什么要跟出版社合资呢？又不能进行实质性的资本合作。像我们这样大的公司已经没有出版社能吃得下，跟个小出版社合作我也不能控股它。合资无非图两件东西，一是资金，二是出版权，就是书号。我们又不缺资金，我缺的资金它也提供不了，几千万不算什么。书号我们也不缺，现在和出版社谈的价格越来越低。真要合资后，出版社教育系统的项目能不能分我一部分？不能。他还要来分我的市场。仅仅为了响应政府号召，就注册一个公司，有必要吗？更关键的是，两者的合作就是不平等的。我们以前跟吉林出版集团也组建过一个公司，我是副董事长。但是很快我就退出来了，没有作用。"

××教育总经理×××更指出了国有民营合作不能顺利进展的深层原因："一是国有管理体制严重制约。二是财务核算不能对接。民营销不掉的书马上可以报废，出版社因为是国有资产不能随意处置就只能占库存。三是资产评估很难。民营的许多销售必须由出版社开票，民营真实的销售额根本无从显现。这些信息无法对接，就容易产生信任危机。"

还有人在犹豫，如果五到十年都不放开书号，因为书号成本太大可能考虑合资；但如果五年内放开书号，自己合资就亏了。

在人们为国有收购民营议论纷纷的时候，已有民营公司在预谋收购出版社了。××公司是一家做小学教辅的民营公司，年销售码洋约6亿元。

许多教辅出版商认识到，教辅只是现行考试制度下的产物，人们对其多有诟病。许多人已经开始拓展新的出版领域，有的人开发少儿市场，有的人跟进数字出版、多媒体教学。××公司开发了一套多媒体学习产品，用了一家音像出版社的号。按政策要求，音像出版社2009年底要全部转制为企业。由于音像出版社实力普遍较弱，这家音像社连转制成本也支付不起，××公司便帮他垫付这些成本。这样转制之后，××公司大概能占这家音像社80%的股份。后来这家音像社又找来几家公司一起合作，但别的公司实力不大，无论怎样××公司都能占到40%以上的股份，而且所有经营管理层全是××公司的人。这样完成改制后，这家音像社基本就被收购了。××公司董事长×××说，如果他们愿意被收购，就以合资经营的方式收购；如果不愿意，就按音像号的价格跟他结款。

屈指一算，有这么多种合作方式，同一种合作方式还有许多不同的操作，可谓丰富多彩。但在一位民营老总看来，“其实，合作方式全国就一个，就是买卖书号。其他的形式都是遮人眼目的，你看出版社能发几本书？无论是给他管理费，还是从版税来算，基本上都是书号费。所谓版税制都是后来做账做出来的，为了应付上边的检查。合资公司也不外图他们一个书号。”

三、 民营公司的合作成本

民营出版公司要取得出版权，必须向出版社租型书号。人们通常把民营公司与出版社合作所支付的成本统称为书号费，但细分开来，除了单纯的书号费，还有再版税，审稿费，公关费。我们在这里分别考察一下。

（一） 书号费

每个书号的价格不一样，从四五千元到五六万元不等。

不同出版社的书号价格相差很大。一般中央出版社高于地方出版社，品牌出版社高于非品牌出版社，效益好的出版社高于效益差的出版社。一书一号的价格，通常在1万到1.5万元，高的也有2~3万元。批量大的话，还能再压低一点，5 000到8 000元的也不少。以几个实例为证，

J 出版社是每个书号 2 万元，K 出版社 1 万元。××教育公司合作的一些出版社，价格可以谈到 5 000 元。有的书号费还与图书的字数相关，以 15 万字为界限，15 万字以下是一个价钱，15 万字以上又是一个价钱。

通常一书一号便宜些，套得越多（即一号多书）越贵。勤远伟业总经理于晓华解释说："一号一书因为规范，对于出版社来说，它不用承担任何风险，钱是净赚的。一个号 1 万，7 本书就是 7 万。一个套号就算 2.5 万，套 7 本后其实每一本书只花了 3 000 多。而且套得多了也容易出问题。"

据行业提供的信息，J 出版社一个套号 4 万，要求只能套 4～6 本书。M 出版社的一个套号 5 万元，可以随便套。某边远出版社要 6 万，可以出 80 本书，80 本以上，每多出一本加 200 元。

由于书号合作方式的复杂多样，有时已经很难简单地计算出一个书号的价格。一位民营公司老总说："一个书号到底多少钱，我真的说不出来，这必须得让财务刻意算一下。因为都是批量买，而且不是一次性买断，都是分批来付的，所以比较难算。"

这个条形码就是图书的准生证，没有书号，图书就不能公开发行。

（二）再版费

所谓再版费，就是图书重印时所交纳的费用。有相当多的出版社，书号并不是一次性卖给民营公司，哪怕这个书号是去年、前年甚至更早以前买的，只要现在还在用，每年都要交再版费。

再版费比书号费便宜，每年几千元。以某出版社为例，一个新书书号价格是 1.5 万元，五年之内的再版费是 5 000 元，五年之后的再版费是 2 500元。

许多规模较大的民营公司，已经是十多年持续经营，每年除了新书品种，还有大量的再版品种。出版社每年要重新核算民营公司还在使用的书号，确定一定的再版费用。所以，尽管有的民营公司当年的新品种不多，但是有往年的再版，给出版社交纳的费用并不一定少。

一位民营书业人说，他们公司与一家出版社固定合作14年，每年按项目收费，只要书号还在用，就收费用。“14年下来，就算一年一个号收5 000，也收了7万了，哪个书号能卖到7万？”

（三）审稿费

按规定，民营公司只能做前期策划，稿子应交出版社来审。通常为了保证政治安全，许多出版社还是要进行终审把关的。

但对于教辅来说，一是由于品种太多（一家公司动辄上千种），二是教辅内容极少涉及政治安全，三是许多主流的民营教辅公司质量把关已经非常硬，所以，多数出版社是不终审的，也根本审不过来。

许多教辅公司在业界经营十多年，为了自己的品牌和信誉，对产品质量的把关非常严。有的明确规定七审七校，错一个字扣多少钱，并让老师、学生试做试用三遍，其质量把关已不亚于出版社。××××公司就是一个不审的例子。其总经理×××说：“我们的基本不审，出版社也就拿起看一看，几乎报了当天就出来了。也是时间长了的关系，因为他对我们的质量比较放心。”

也有少数出版社要终审。比如J出版社，对其合作出版的一些图书按千字8元收审稿费，他们专门有70人的审稿队伍，有的是外聘的，有的是出版社的老员工。当然是抽审。开始有的民营公司以为既然出版社要审，就干脆自己的放松点儿。后来发现，出版社一旦抽检出问题，就退给民营公司重审。民营公司复审以后，出版社再抽检一遍，如果再发现问题，审稿费直接翻倍，以示惩罚。

出版社审稿，还有一个效率问题。×××董事长××说：“出版社实际上已经审不了了。原来我们品种少，它审一部分是能审过来的。但是产品一多，速度一快，它确实审不过来了。审的周期有一周的，有十多天的，有半个月二十天的，效率很低，对我们公司的发展制约很大。我们自身编辑的水平也高了，打铁还要自身硬。”

审稿费一般是每千字2～5元，但由于教辅公司品种众多，加起来也不是一个小数目。实际上，他们之间已经形成一些变通的方式。某民营公司说，他们给出版社的审稿费是按书号来算的，一个书号 2 000 块钱。但一个书号可能套出几本书，相当于一本书的审稿费几百块钱。

对此，××公司董事长×××总结说："多数不审，少数审。还有某些出版社审稿费是要的，但稿是不审的，审稿变成一个要钱的名目了。教辅书那么大的规模，根本就不可能审。但是新闻出版局来查的时候，我们也说是审的。现在就是这么一个情况。"

（四）公关费

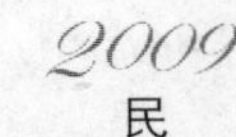

不用说，这就是为寻求合作产生的交际成本。

对此，许多民营公司老总说，买卖书号已经是一件非常商业化的事情了，签完合同把钱打进卡里就行了，不需要花太多的交际成本。当然，逢年过节送点礼品，一年吃上几顿饭，还是比较正常的。

所有的这些书号费、再版费、审稿费、公关费，就是民营公司与出版社合作所要支付的经济成本。

这笔费用有的是一次交清，付笔书号费就完了。有的是按项目交，一套书为一个项目，出版社每一年或两年评估一次，根据项目规模估算利润，确定要交纳的管理费。还有的是分批交。比如一个书号 1.5 万元，民营公司更愿意第一年交 1 万元，第二年交 5 000 元，第三年交 3 000 元，虽然分批交的钱加一起比一次交清贵，但可以缓解成本压力，降低经营风险。其中还有一个很现实的作用，就是制约出版社。一些民营公司反映，如果所有费用一次性交清，这批书以后再有什么手续请出版社办理就很难了，他们收了钱就不认人；而分批交，出版社更容易顺畅地提供服务，因为年年都在收钱。

一个民营公司要支付的合作成本，与其规模、品种、愿意规范的程度是基本成正比的。

一般来说，每年出版的品种越多，公司规模较大，支付的成本就越高。一个年出版 1 000 个品种左右、销售码洋上亿元的民营公司，书号成本每年约在 100 万～300 万元之间，每年出版约 3 000 个品种、销售码洋五六亿的公司，每年需要支付600万元左右；极少数年品种达5 000个左右、年销售码洋过十亿的公司，基本每年的书号费要上1 000万元。

民营公司所支付的合作成本，还与其愿意规范的程度有关。有的民营公司愿意一书一号，愿意找大品牌的出版社合作，成本自然就高。而如果大量采用套号，或找边远的小出版社合作，成本就要低许多。如同样品种或规模的两家公司，书号费相差一倍都是可能的。也就是说，愿意规范的民营公司要为此付出更高的经营成本。

除去这么高的合作成本，民营公司还能有多少利润？是不是赚的钱很大部分都要用于支付这些成本？对此，不同的公司反映不大一样。

××教育副总×××说："不会。有发行量。发行量大的话，利润就差不多了。"他们是一家以大学英语词汇速记起家的公司，2008年销售码洋约8亿元。他们合作的出版社，不是最差，但也都不是品牌很大的，每年的书号成本在300万元左右。

有的民营公司就觉得压力较大："拆了东墙补西墙，赚的钱都交给出版社了，有时交的比自己赚的还要多。"这是一家操作比较规范的民营公司，合作的出版社名气大，而且多是一书一号，他们每年要向出版社交纳的各种费用有时将近1 000万元。

因为书号价格不菲，教辅业还出现了用过号的情况。所谓过号，就是一些多年前出版过的图书书号，现在已经不在市场上流通了，一些出版社就将其卖给民营公司。过号当然更便宜一点。有家民营公司与某出版社合作，用过号出了一大批书，此时正值出版社换领导，新领导觉得这样风险较大，反悔了，让民营公司把这批书全销毁了，不准在市场销售。此项损失达200多万元。

还有的民营公司选择了更为便宜的音像号，说是买盘赠书，实际上是卖书赠盘。音像号相对比较便宜，甚至几百块钱就能买到。所以有些公司将部分配盘的图书直接用音像号。盘里也可以配置一些功能，如录音，还可以装上一些软件。

由于国内书号较贵，也使香港书号一度盛行。在香港，注册一家出版社和注册一家普通公司一样简单：只需向香港的公司注册处打个报告，不重名，付1 000多元港币就可以了。一家出版社的书号是无限制的，只需极少的手续费，通常十个号一批，只需几百元港币。一些内地的人就在香港注册一家出版社，然后回内地招揽自费出书，一本万利。不过，按国家规定，香港出版社的书是不能在内地随意销售的，但香港书号在国内流通，却是一直存在的事实。

四、套号与一书一号

书号本是为了方便图书管理、流通而设置的识别符号，应具有唯一性、标准性的特点，一种图书应该对应一个唯一的书号。由于我国只有经国家正式批准的出版社才有资格领取书号，书号成为一种稀缺资源、有价资源，民营公司只能做到有限品种的一书一号，教辅套号是行业公开的秘密。

我国教材改革后，实行一纲多本，教材版本很多，有的一个科目就有六七个版本。从小学到高中有那么多的年级，每个年级有那么多的科目，每个科目又有那么多的版本，甚至同一版本的模块组成也不同，教辅要配齐每一种版本，品种之多便可想而知。正常情况下，一家民营公司有几百个品种算是少的，一般公司动辄上千个品种，多的可达 5 000 多种。如果一书一号，按当下的价格，仅书号费民营公司就吃不消，更别提什么发展和利润了。

套号既然是教辅业的普遍现象，也自然形成了套号的诸多规律。

（一）修订套

也就是图书修订后继续使用原来的书号。

教辅图书基本每年都要进行修订，一则是配套教材每年都有变动，二则要跟上当年形势的发展。按出版法规规定，修订内容超过一定比例就需要重新申请书号，但教辅行业默认了修订后可以继续使用原来的号。否则，一个公司一年几千个品种的书号量是根本没法解决的。

（二）上下册套

上下册共用一个书号。

这是最常见的套法。许多出版社自己出版的教辅，上下册就是共用一个书号。

（三）科目套

就是同一个科目的各个版本允许共用一个书号。

比如五年级语文有人教版、北师大版、苏教版、冀教版、青岛社版、教科版……这些同属语文科目的多个版本共用一个书号。一个科目少的有两三个版本，多的有七八个版本，这些版本默认共用一个书号。由于不同地区、不同学校使用的版本不一样，所以在同一个地区或学校看到的教辅可能是一号一书的。

还有的公司将销售量比较大的版本（如人教版、北师大版、苏教版）使用一书一号，其他小版本采用套号。小版本通常市场容量很小，许多公司根本不出小版本，一些大公司配小版本是为了显示自己品种齐全，有时出版成本都未必赚得回来，更不要说再付书号费了。

科目套的现象也比较普遍，连大名鼎鼎的某某教育出版社都曾经感到书号不够用，在出版高等教材时，就将同一科目不同版本的教材共用一个书号。

（四）版本套

就是同一版本的不同科目使用同一个书号。

比如人教版，将语文、数学、英语、地理、历史等多个科目共用一个书号。

（五）年级套

就是同一个年级各个科目使用一个书号。

他们的假设是，学生会把一个年级所有的科目买全。比如一个五年级的学生，就把五年级所学科目的教辅全买下来。

也有人觉得它不如科目套合理。如果年级套，同一个地方就会出现一号多书的情况，当地稽查部门很容易查出来。而且一个学生也极少可能把这个年级所学的所有科目都买下来。而采用科目套，同一个地方就不会出现两本一个号的书，安全系数更高。因为一个学生用人教版，绝不会同时也用苏教版。

（六）同期套

同期出版的几本书共用一个书号。

产生这种套号的主要原因在于，民营公司没有及时拿到那么多书号，而图书又要紧急上市，不得已时，就将同期出版的几本书共用一个书号。

（七）全部套

这当然是最原始的套法了，没什么规律可循，买一个书号所有的品种就全出了。

某民营老总说，他认识一个人，一个书号将小学或初中所有版本、所有科目都出了，一共出了100多种。这多是最开始入行的小公司的作为，而且多是比较低档的书，大出版社和大民营公司都不会采用这种方式。

以上不同的套号方式，有时是可以交叉使用的。尤其是上下册套，与科目套、版本套、年级套等各种方式，有时会同时采用。

用于晓华的话说：对出版总署一书一号的解读，是一个出版社一个解读，一个民营公司一个解读，所有解读都是为了规避政策风险，为自己的行为找借口。有的必须是一号一书，有的允许上下册共用一个号，有的允许同一个科目的不同版本共用一个号，还有的允许同一个年级的产品共用一个号……书号政策已经被用绝了。就像同样是水，有人用杯子装，有人用脸盆装，有人用大桶装。

这样的结果，一个书号套2本书算是少的。如果科目套加上下册套，就可能是一号几本甚至十几本。再多的，一个书号出几十本、上百本都说不定。从笔者调研的一些民营公司来看，一号五六本或十来本的居多，以上下册套和科目套最为普遍。有行业人士估计，如果真正按一书一号计算，中国每年的图书出版品种至少暴涨1倍，甚至10倍都说不定。

由于书号资源的稀缺，有时民营公司的一套书得用好几个出版社的书号。比如同一个套系，小学部分是一家出版社的书号，初中部分是另一个出版社的书号，高中部分又是一个出版社的书号；或选修类产品在一家出版社，必修类产品又在另一家出版社。

按我国出版法规规定，一个书号也可以出几本书，但是这几本书只能有一个定价，也就是说一个书号一个定价，套书无权再标单本定价。事实上，大量用套号出版的教辅不但有总定价，每本也多有单本定价，只是每家的处理方式不同。复杂点的写着一串数字，如“20092090”，内行的人就知道这本书是 2009 年版的，定价是 20.90 元；简单点的在封底画个小孩吹小泡泡，在泡泡里写个“7.80”，大家都看得出来这本书就是 7.80 元。还有的在书店上架时，重新在封底贴上代码和定价。更有人根本不理这些，明明白白地既打总定价，各册也打单本定价。总之，五花八门，去大书店一看就知道了。

教辅图书由于品种较多，套号比较普遍。

一号多书给书业信息化带来很大困扰。一号多书使图书信息不唯一，销售、库存信息无法对接，成为社店信息对接和新华书店连锁经营的绊脚石。许多书店上架前不得不将图书重新贴码，浪费很多人力。为此，××教育集团自己发明了一套编码，“现在我们每一本书后面自己编制了物流码，就是每一本书设置了一个独特的身份证号。这个在全行业我们是第一家做的。物流码是条形码，跟国标条形码的 16 位进制的是一样的。这个成本不大，编完了就是一套软件，然后放到书的封面、封底上印刷就可以了。”通过这种方式，他们解决了公司内部的信息对接问题。

教辅套号在民营公司十分普遍，但并不是没有规范的一书一号。事实上，经过多年积累，一些大公司一书一号的比例已经能达到 60%～90%。还有的公司一书一号的比例一直是 100%。

尽管民营公司和出版社都在想法变通，但人人心里都知道，一号多书是不合出版法规的，在市场监管中是存在风险的。一家年营业额过亿的民营公司老总说："我们现在走市场的书基本一书一号了，套号的书都是走系统的书。我很怕突然哪天一个规定，要求不许用套号的书——这种事是可能存在的，我不能赌。那样我一个地区几千万的订单，因为不是一号一书，这个订单就没有了。"

在心底里，民营公司老总都是愿意一书一号的。一位民营公司老总说："宁可给出版社多让利，保证一书一号，这样在销售与库存的信息对接上也比较顺畅。""我们不想一下子大起大落，希望保持发展平衡和战略平衡，并不愿意一时利润率特别高，而要长远计划，积累一书一号从现在做起，把我们的很多书逐渐规范了。"有这种想法的人很多。

越是规模较大的公司，越是愿意寻求长远的发展，越是忌讳潜在的风险。因为规模越大，违规的风险对企业伤害越大。

由于教辅界默认的是，图书再修订可以继续用原来的书号，这使民营公司有可能逐渐积累起一书一号的资源。目前，一些大公司基本一半以上的品种都可以实现一书一号了。尤其是在市场上零售类的图书，一些大版本的图书，为了销售方便，都是一书一号的，只是对于一些小版本才使用套号。

无论是书号实名制网络申报的严格监管，还是从自身利益出发，一些原来允许套号（尤其是上下册套）的出版社，现在规定不允许套号了。据星火教育反映，他们小学的产品原来是可以套号的，从今年开始出版社不让套了，得一书一号。但价格也降了一些，5 000 块钱一个号，算比较低的了。2009 年他们出版的新书是 400 多种。

××教育董事长×××说："我们也套，但是很少了。我们合作的 J 出版社不能套，S 出版社也要求不能套，Z 出版集团现在也不让套。其实我们做到这种规模，已经浮出水面了，我们已经开始自己规范自己了，就用一书一号，也要为新华书店销售提供方便。"

梁山的金榜苑，一书一号的比例也占到总品种的百分之七八十。他们只有两大套系，"创新设计"和"步步高"，共约有 700 多品种。套号的只是新课标的一些小版本，有的单本也就卖 1 000 ~ 2 000 册，成本都赚不回来，更不要说书号费了。

安徽经纶目前绝大部分图书都是一号一书的，这些书号是他们用十几年的时间积累和分担下来的。

尤其是做精品的教辅公司，他们品种相对比较少，更是一书一号，如曲一线、北斗。

曲一线自2003年成立以来，目前总共出版的图书也就600余种。当初为实现一书一号，曾辗转几家出版社。后来与首师大社、教育科学社稳定合作，基本保证一书一号。2008年对于一些小版本，曾用过一部分套号；2009年不允许套号之后，他们就又一书一号了。

北斗是一家专出地图类图书的民营公司，如果除去地理教材，在市场零售的地图类产品中，北斗能占到70%左右的市场份额。他们也做地理教辅，从开始即全部一书一号。他们的教辅与市场上的一般教辅完全不同，定位比较高端，没有练习题，更像一个地图册，而且是全彩的。他们的地理教辅也要向国家测绘局送审，合格后批给审图号。总经理张志豪说，市场上的地理同步练习，许多公司都能做，他们就不做，但他们的产品在市场上却是独一无二的。“做那个我们做不过他们，但是做这个他们就不行了。”

金榜苑仓库里待发的图书。他们所有的产品都是直销的，没有库存。

什么在制约一书一号，很显然，就是书号的成本。环顾世界各国，书号就是一个图书检索和流通的符号，是一个可以自由登记索取的符号。而在中国，它不但资源有限，而且价格不菲。2009 年书号实行实名制，北京是全国试点，许多出版社要求上下册要分开，这样，民营公司必须再加付一倍的书号成本。

一个公司老总说："我现在有 1 200 种书，没有谁能一下给我 1 200 个号，这是第一个问题。第二个问题，就是给我 1 200 个号，我一下也拿不出这么多钱来。"对于每年四五千个品种的教辅公司更不用说了。

××××公司有近 3 000 个品种，现在公司有 2 000 多个书号，他们每年新购四五百个号，2009 年算少的，也得三四百。董事长×××不无心忧："现在版本那么多，每年都要交再版费，这是个马拉松啊。我就是看国家的，国家只要不管套号，我就套，我现在不套没办法了，不套成本就下不来了。"

五、 操作环节

早期简单的买卖书号受到主管部门的严厉打击后，出版社又发明了更具隐秘性的"体内循环"，由民营公司把各项出版费用先汇到出版社账户，然后出版社以自己名义来支付。如今教辅公司与出版社的具体操作又是怎样的呢?

(一) 印　刷

我国出版法规规定，印刷环节必须由出版社掌握。而教辅公司与出版社的合作中，印刷绝大多数是由民营公司来操作的，出版社要做的，是给民营公司开具一纸委印单（委托印制单)。

由于教辅品种较多，竞争激烈，运作复杂且灵活，出版社的印制效率很难达到。民营公司自己印，不但灵活，效率高，而且成本更低。×××公司董事长×××打了个比方："他（出版社）印的话，（每册成本）肯定是 5 块钱。我来印的话，是 3 块钱，质量肯定还比他好。他买我的书 7 块钱，我中间还有利润。"

××教育总经理×××也说："所有的印厂都归我们自己管，出版社出具委印单。我们有好几个印厂，不同的厂印不同的产品，以便对印厂考核。只不过是以出版社的名义来付费。"

但这其中也存在隐患。一般出版社只开一个委印单，一个委印单上只能写一个印厂一个印量；而实际上，一些印量大又紧急上市的图书会同时在几家印厂赶印。尤其是一些各地租型的教辅，比如浙江、湖北的民营公司要租型北京一家民营公司的教辅，租型这部分图书一般都在当地印刷。也有合作好的出版社会根据民营公司的需要开委印单，无论民营公司需要几个印刷厂，出版社都会开，但这是极少数。对于多数民营公司来说，这是没法解决的。

事实上，不要说许多图书在别的印厂印刷时没有委印单，就是有委印单的，印刷的量也不是委印单上标明的量。比如一个委印单上委托某印厂印2万册，实际可能印了5万册，而且还有两个印厂也在印。

像这种情况，如果严格去查，那些没有委印单的图书，以及那些超出委印单规定数量的图书，就成了非法出版物。就像买卖书号一样，在现行政策下这是个进退两难的问题。

（二）发　行

教辅公司与出版社合作出版的图书，也绝大部分是由民营公司发行的，出版社需要给民营公司的是一张发行委托书。

出版社发行效率相对较低，特别是对于教辅这样季节性强、竞争激烈的产品，出版社更显得力不从心。早在2004年，教辅出版大社之一广西师范大学出版社的副社长姜革文就发出感叹："出版社集体溃退教辅出版！"

如今，在通过教委和新华书店目录征订的系统教辅领域，出版社仍有相当的份额，但在完全竞争的零售市场上，基本全是民营公司的品牌。民营教辅能在激烈竞争的市场上立足，一是要有过硬的产品质量，二是须高效的销售能力。许多大民营公司都掌握着自己全部产品的统一销售和运作权力。正如志鸿教育杨昊坤所说："是我们全发，出版社一点也不发。他们也做不好。"

教辅图书多是由民营公司负责发行的。

教辅公司掌握全部发行权的比例，应该在总数的70%以上。因为总体来说，教辅公司多比合作的出版社实力强，规模大，管理更好，效率更高。

少数出版社也负责一部分发行。

有的是双方协议由出版社发一部分主渠道。比如××公司的教辅，主渠道发行是××公司与出版社分别划定片区，出版社发一半，北斗发一半。“他先挑好的，华东那块，江浙、上海、山东这些都归他了，华中也归他。我在北京，北京市场就归我，再一块好的就是广东，然后就是东北、西北、西南了。”出版社主渠道销售的量比公司多，但所有民营渠道归北斗，这样总体约70%～80%的销量还是由××公司发行的。

×××公司与出版社的协议是出版社发所有的主渠道。之所以这样做，一是这样可以抵消一部分管理费，否则每年要向出版社多交200万元；二是×××公司的图书全部走直销渠道，他们的书也是为直销渠道量身定做的，两个渠道之间不会有冲突。出版社每套图书发行的量约有一两万套，×××公司平均每套能销售几十万册，有的单科甚至可以上百万册。

××× 公司也给合作的出版社一部分图书。但公司是按普通客户一样的批发价给出版社，出版社再批发给别人，已经没法加价了，这就决定了出版社没法大量的来批发。出版社只能拿这些书在新华书店做做展示，销售的利润是微薄的。

××教育也说："有时候会分渠道，有时候不会，大部分人不会，因为他（出版社）的发行比较差。我们倒是可以让他的书在我的渠道里发，我们只发他的英语书。"

（三）品　牌

在教辅界，一些教辅的产品品牌在行业和读者中已经形成一定的影响，比如"星火英语"、"优化设计"、"教材全解"、"五三金典"、"创新设计"、"轻巧夺冠"等。许多读者购买时已经能够认清产品品牌，而不是出版社的名字。在行业内，教辅公司的企业品牌也有一定知名度，比如志鸿教育、金星教育、星火教育、曲一线等。

凡是有一定规模和一定品牌意识的，都会在自己策划的图书上打上自己产品的品牌。许多公司都有自己精心设计的 LOGO，志鸿、金星等都请过专门的 VI 公司来设计。但是，无论在图书封面还是内文里面，你都找不到这些公司的名字，因为政策有限制。若非对行业比较熟悉的人，或非常专业的读者，一般人只能看到出书的出版社，根本不知道背后全权运作的其实另有其人。

有人对此已经习以为常，但这显然不利于公司品牌的树立。对此，××文化公司还发明了一套应对的办法，虽然不能打公司的名字，但他们把"××"两字打得无所不在。除了封面正式的产品品牌，在封面甚至内文的每一页里，都有"××"两字的暗影，渗透无所不在。还有一些书内附夹一些单页的读者调查或有奖活动，联系地址会写上公司的地址，但一般读者不会对此联想太多。

没有企业品牌已经成为许多大公司的困扰。曲一线董事长卫鑫说："我们不能在书上打自己公司的名字，现在这个品牌只有行业内的人知道，对读者来说就谈不上了。提起'五三金典'，读者只知道是哪家出版社出的，有几个知道是我们做的？"志鸿教育董事长任志鸿也提出："我们做了十几年，人人都知道‘优化设计’，但没有人知道我们。出版业能不能借鉴一下音像、影视的做法，有一个‘出版社’，也有一个‘出品人’？否则，我们连一个身份都没有，连打盗版都没依据，更不要说怎么去融资、上市了。”

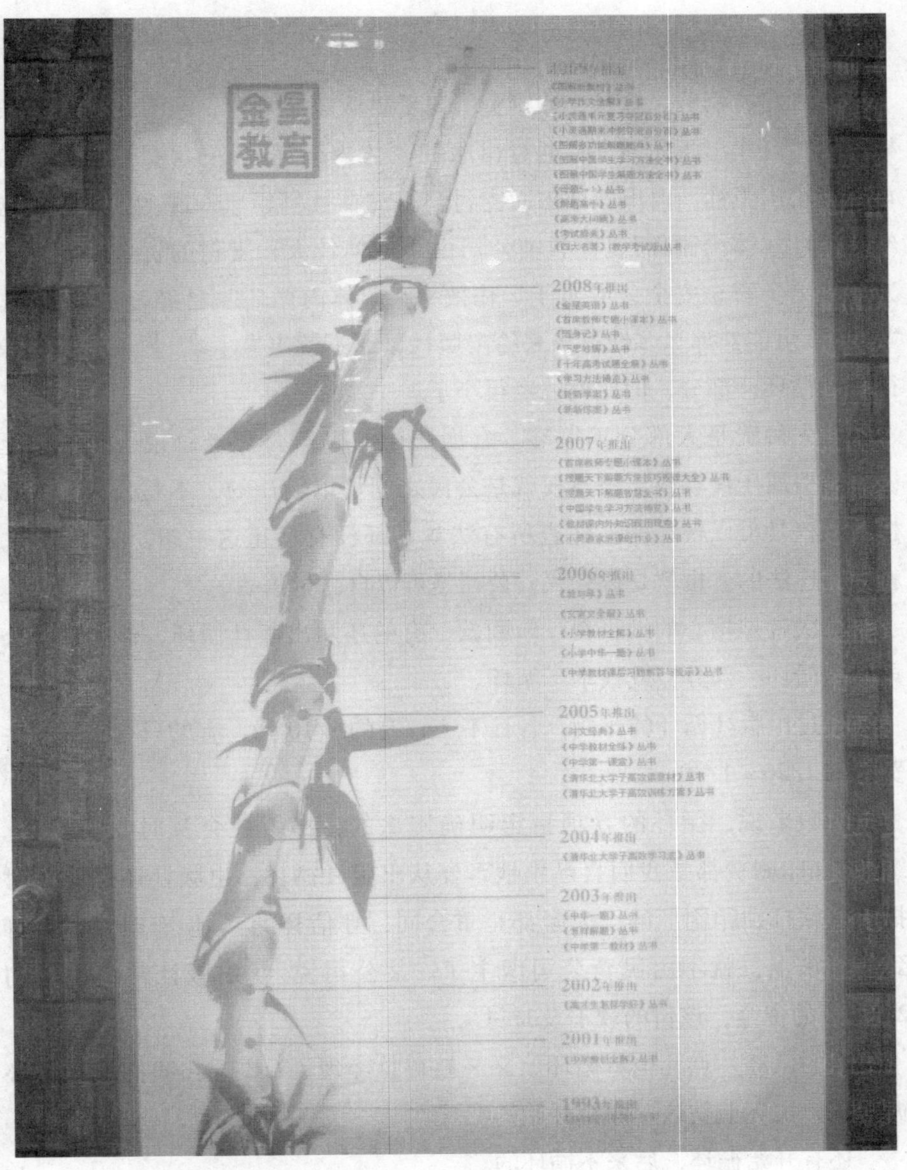

金星国际教育集团的成长历程。

不打公司品牌还有一个很实际的问题，有残次品退换怎么办？金榜苑书页后面打的是："如有印装质量问题，请与印刷厂联系进行退换。"这样周转不是很麻烦吗？董事长王朝银说："我们把关很严，有问题的情况极少。"

（四）循环款

按规定，稿费、纸张、印刷费等属于出版核心环节，只有出版社有资格支付，合作出版的图书要通过出版社"体内循环"，一切费用由民营公司先打给出版社，由出版社出面支付。目前在社科领域，许多款项确实还经出版社"体内循环"，而教辅公司由于规模较大，支付的资金动辄几千万，或出于资金安全，或出于运作效率，"体内循环"已经基本被抛弃。"那怎么可能？那么多钱打出来给出版社，那不就出事了。"教辅公司也象征性地循环一部分，但比例已经很小了。

首先稿费是大部分不循环。有懂法律的民营公司老总说，从法律上讲，稿费属于民事权。民事权就是公民之间可以转让的，不是公权，是私权，私权是可以转让的。你查所有法规，都没有禁止这一条。法不禁止，就是不违法的。也就是说，民营公司是可以自己付稿费的。

其次就是核心的纸张费、印刷款，有的还从出版社循环，但大部分公司只是循环一部分，或根本不循环。

通过出版社循环的比例，各社不一，有的1/10强，有的只有实际发生费用的1/20～1/30。

一般来说，循环的款项指定明确用途的，出版社会及时支付出去。"稿费和印刷费都是我们自己出钱，要从出版社循环，出版社还是能及时把这笔款打到印刷厂的，大家都是重合同，守信誉的。"但有时候，钱打到出版账上，就不由民营公司做主了。某公司说，J出版社常年压他们2 000万的资金，该付的款不及时付。

有的已经一点儿也不循环。××教育总经理说："现在我们根本不必循环了，实际上就这一两年开始的吧。"

还有开始循环，后来不循环的。

一位民营公司老总说："我们执行的都是亦步亦趋，老老实实的。

××就跟我讨论，他说你们怎么还这样子，我们早就干了，不用转。我今年也开始直接付钱了，付各种费用，一看他们运作那么好我就付了。其实所以好多人都突破了，别人自己都按出版社来做账了，各种钱早就自己付款，哪有通过出版社?”

当然，也有完全循环的。

北斗总经理张志豪说：“我们印刷费是全部都要从出版社循环的。出版社也能及时打给印厂，因为是我们的钱嘛。也有一些是压款的，我觉得那是合作得不愉快，我们很少发生这种情况。合作的几家出版社就一家不太好，欠我们的钱，其他出版社都是挺及时的。”

Z出版社合作的几家民营公司，也基本是完全循环的。因为Z出版社比较守信，合作的民营公司对此评价也很高：“我们所有的主要成本都是出版社来负责支付，我把这些账款全打到他的账户上。”

（五）增值税抵扣

民营教辅公司类似于出版社，实质是一个生产企业。但因为政策限制，民营公司注册时，只能注册成发行公司，是一个流通企业。由于这样的错位，民营公司的税款发生了根本的混乱。

正常来说，生产企业应该交增值税，也就是可以销项减进项，抵扣后交税。民营教辅公司实质上是一家生产企业，应该把销售款项减去生产成本，然后进行交税。但按流通企业的标准，纸张、印刷款就不属于他们业务范围，是不能进行抵扣的。如果这样的话，民营公司的税负是非常大的，于是他们就开始想法偷税漏税。开始是图书销售用现金交易，不用支票，就不会产生流转税。但随着商业信用体系的完善，已经很少有人再提一麻袋现金去交易了，无论出于安全还是方便，都选用了银行支付。这样，税就无法逃避。

问题在于，他们实质是一个生产企业，按流通企业的税负太大，于是有人开始用纸张费、印刷费去税务局抵扣。税务局不知道出版行业的具体规定，是认可抵扣的，等于默认了这些公司是一个生产性企业。

一部分企业抵扣后，更多的企业开始效仿。如今，大多数民营公司都在抵扣税。一个民营公司老总说：“出版社都能抵扣，还有免税退税政策，教辅这么大的架子，我们不抵，那税太大了。早期我们还进点出版社的书，还有一点进项的发票。现在我们卖的全是自己生产的，没有进项费，只有印刷费，只能这么抵。过去政策管得严的时候不行，现在大家都这么做了。出版与税务是两个系统，出版政策问题，出版局在管；税务局不管你的行业政策，他只是管你的税。这是两条线。”

做是做了，但这种错位是每个民营书业老总的一块心病，只能做，不能说。“这个帽子绝对不安全。一个民营公司，他进了17的税，改为委托加工，实际上你变成生产企业了，但是你注册的是一个流通企业。流通企业这样做，就是在超范围，这就是一个地雷。这也是一些民营公司不断注册公司的原因，割尾巴，规避风险。民营公司做大的企业没有一个不想正经交税的，但没法儿交，不知道怎么交。”

还有一些担心风险的大企业，是没有抵扣的。××××董事长×××说：“我们没有做。增值税票按规定，我们是不可以做的。实际上90%的人都在开，但是大的几个都没开，×××没开，×××没开，我们也没开，××在开，其他的一些公司我不知道了。但是小的是绝大部分都开的，你像做教育的那些都开的，教育都要票。”

没有抵扣，税费太大怎么办？就要想法减少营业额，有些发票请出版社开。出版社也愿意走量，愿意把自己的销售额做大一点。出版社可以抵扣，不用担心销售额大就得多交税。有的出版社会免费开发票，有的出版社还要收取一定的手续费。某出版社跟民营公司约定每开一笔发票交1%手续费，这家公司年销售数亿元，可想1%的手续费也成了一笔巨大的支出。

也许民营公司的一切错位，都在于这个注册的错位。明明是一家生产企业，按行业规定只能注册为流通企业。这些所谓的流通企业，实际上在做生产企业的事。承认它，违反现行出版行业法规；不承认，它又是确确实实的客观存在。

某民营公司老总受省新闻出版局委托，起草当地出版创意产业园的方案，局长鼓励可以大胆想象，有一些突破性的设想，民营公司老总却哭笑不得：“我们讨论的所有合作模式和操作方式，现在都有了，没一个是新的。现在就是让政策能够再表一下态的问题。中国改革的一大特点，就是摸着石头过河，可现在这个大河都已经干了。我们局长还要我放开想象，放开什么想象？该有的都有了。出版不开放，我怎么想象？”

六、博弈

由于特殊的行业政策，民营公司要从事出版，必须与出版社进行合作。许多出版社因为自身效率低下，也乐于甚至依赖同民营公司的合作。但民营公司与出版社同时又是不同利益的市场主体，合作的同时，两者的博弈也随之展开。

有的出版社机制活、效益好、有品牌，对合作公司和项目也有严格的选择。他们根本不做一手买卖的交易，而是要求合作出版，民营公司只能作为一个供稿人的身份拿版税，或至少出版社要取得新华书店渠道的发行权。要借用他们的品牌，就得付出不菲的代价。

还有的出版社机制僵化，效益低下，买卖书号就成了出版社的主要收入来源。尤其是到了下半年，一些上半年任务完成不好的编辑就开始着急，到处托人帮忙介绍买书号。

其中不乏许多生动的案例。

某民营公司在专业领域的市场业绩非常好，但与系统领导部门直属的一家出版社发生冲突，系统领导机关通过种种资质限定制约民营公司的发展。直属出版社更是对其采用“胡萝卜＋大棒”的政策，一面示好要与其成立合资公司，并许诺每年补助不菲的出版经费，一面又警告如果不合资就要压制别的出版社少给他们书号，在政策上也会有许多限制。

另一家民营公司是较早获得总发权的企业，因为总署鼓励，曾参加过一次本省的教材发行招投标。但从此以后，新华书店就把他们当成了仇人，省店每年给各地的新华书店发一次文件，明确规定不允许销他们一本书，他们的书一直不能进本省的新华书店。2009 年这家民营公司与省新华书店达成妥协，重新合作。合作的前提是，民营公司支持新华书店作为教材发行的唯一渠道。“我们双方合作的备忘录上写得很清楚：我们支持新华书店作为教材发行的唯一渠道。”其总经理感慨：你是一个民营企业，你把自己放在一个弱势群体，永远没有必要和国家的政府部门去争。民营企业可以去整合资源，可以去争取政策，但不要惹恼国有。

某边远出版社，完全以卖书号为生，是行业皆知的卖书号大户。多年经营此道，前几年政策氛围紧张，书号价格看涨，他们也调整策略，对一些大型民营公司适当提价，同时舍弃一部分有多年关系价格较低的老客户，发展一些有更高现金价值的新客户。合作的民营公司当然不愿意提价，但因为书号是他们绕不过去的一道坎，只能无奈接受。

另一家出版社也想对合作的民营公司提价。不过，这家民营公司太大了，不吃这套，当年抽走了与这家合作书号的1/3（价值上百万吧）。这家出版社害怕了，最后不但没有提高书号费，反而主动降低了一些。

不但出版社与民营公司存在利益博弈，出版社体系内也同样存在竞争。笔者就亲自经历了两件事。

一家地方出版社的编辑向笔者抱怨，同在一省的某家出版社书号价格降到了6 000元，实在让他们没法做。而且反映，一些中央出版社的价格也只有1万元。他们与一些想做地方志的单位谈合作时，人家说他们书号太贵，并拿出与中央出版社的合同，说人家收费也只有1万元。

近年来，书号的价格在下降。

还有一家规模很大的民营书业老总曾向笔者提起，他们现在使用的书号太贵，有更合适的出版社可以介绍给他。笔者受人之托，将此事与一出版社领导说了，那位领导说：不行，我们没那么多号。事过几月，出版社领导打来电话，希望尽快合作。说现在出版社要改制，他们愿意为此事向总署专门上报，申请增批100个书号。“总署不是在鼓励民营书业发展吗，我们这也是为民营书业提供平台嘛。按他们原来的价格，1个号2万，一年就可以增收200万。”笔者向民营公司老总转达此意。民营书业老总说，另一家出版社已经与他们联络，希望以每个书号三四千元的价格，请民营公司将大批产品移至本社出版。因为该社在与众多民营公司合作中，也觉得民营公司良莠不齐，合作变动大，有的还不规范，他们愿意以较低价格与这家规模较大且运作规范的民营公司长期合作。

这种博弈甚至出版在同一家出版社内部。

某出版社一个老编辑曾经联系了一个合作出版的大项目，已经向编辑部上报选题，但后来感觉进度比较缓慢。这位编辑正催促中，却见这套书已经出现在本社的印制名单里，责任编辑赫然写的是其编辑部主任的名字。原来，其编辑部主任发现项目较大，在名与利的驱使下，与民营公司直接取得联系，许以更优惠的合作条件，将合作的责编改为自己。老编辑自然十分不平，将此事向社长反映，并要求合作的民营公司另投他家，免得加剧他们社内部矛盾。

随着出版社转企改制政策的明确，2010年底除4家公益性出版社外，所有出版社都要转为企业，一些自身实力不过硬的出版社不免心虚。另一方面，关于要给民营公司合法出版通道的呼声也日渐高涨。一些出版社希望赶上国有民营合作的末班车。2009年初民营教辅订货会上，北京南二环的一个饭店里，来了一批出版社的副社长，他们从甘肃、云南等各个省份赶来，希望寻求民营公司合作。他们一方面约请民营老总吃饭沟通，一面又不由得有点难为情。

“民营书业的人看着他们感觉怪怪的。因为原来是买书号找不到门路，求爷爷告奶奶，现在出版社领导出来找民营了。他们眼看着自己出版社在竞争中缺少资本，甚至有生存之忧，很想跟民营公司合作，但是他们又觉得有点下不来台。”一位在会上接触了四五家出版社的民营公司总经理说，

“最近主动出来找民营公司的出版社，很多都是有思想和有危机感的，他也不敢随便跟民营公司合作，一般他们也有一些自己的优势，或者自己擅长的领域，有的是做省内系统的，我们合作就可以有一些互补的需求。他在他系统里做，我在我系统里做，双方有合作的基础。对此我印象很深刻，是他们主动找到我们，这只是一个信号。”

但无论如何，出版社仍是目前法定的正统，几乎所有的民营公司老总都反映，无论出版社效益再差，跟他们打交道时出版社的人都很牛，明显感觉自己高人一等。

而且，在国有民营的合作操作中，还存在一些细节的问题。

比如效率方面——

书号配给的时间太长。正常情况下，出版社通过网络实名申请，一周左右就可以拿到书号。而有的民营公司反映，他们向出版社申领书号，得提前一个月甚至三个月。合作的书号得出版社特定领导签字，遇上节假日，或领导出差出国，别人不能代签，民营公司只能干着急。“现在市场变化那么快，我的内容，尤其是书名，有可能随时要变动，提前三个月就得定下不能动，这个程序太漫长了。”

审稿效率太低。×××公司反映说：“出版社实际上已经审不了了。原来我们品种少，它审一部分是能审过来的。但是产品一多，速度一快，它确实审不过来了。审的周期有一周的，有十多天的，有半个月二十天的，效率很低，对我们公司的发展制约很大。”

又如诚信方面——

出版社一号多卖。据新闻出版总署检查发现，内蒙古某出版社就存在严重的重复买卖书号现象，仅在湖北省一地就重复买卖书号达几十个，而且使用同一书号的图书类别相差很大。如其将同一书号卖给山东某公司出版社科类丛书之后，又卖给湖北某公司出版教辅类图书。

出版社不及时支付循环款。因为要规避买卖书号，民营公司的纸张款、印刷款要先打给出版社，由出版社出面支付。但款到出版社后，便会出现出版社不及时支付的问题。据某公司反映，某出版社常年压他们2 000万的循环款。多家民营公司反映有些出版社存在这个问题。“我们认为他合作不讲诚信，他的效益差，就把你的钱压下了。他要耍赖，我也没办法，一点折也没有，只能以后不跟他合作了。像××出版社、××出版社、××出版社都跟我要过赖，我都不和他们合作了。”

出版社发书不回款。一些民营公司反映，本来民营公司已经付完书号费了，但是出版社又提出要发一部分书，而发完后又不给民营公司结款。有时给出版社的书比书号费还贵。

所有这些，还给民营从业者带来一些负面的心理影响。

××教育副总说：“不买书号的时候也没感觉有什么，每买一次书号就相当于自己告诉自己，自己处在不具有出版资格的边缘地带，是对自己精神方面的一种提醒，国家执行的是不公平的待遇。这对我们是一种限制，在继续向前发展的过程当中，会有所顾虑。如果有出版资质的话，我们会考虑上市，可以放心搞许多研究和项目。现在，没有出版资质在很大程度上制约了民营企业的发展。”

××公司总经理也明显感觉：“与国有出版社打交道跟与别的资本打交道感觉很不一样，他们是拿着出版资源的，有一种高高在上的感觉，实际上跟出版社合作就是一种不对等。无论他们出版社的效益有多差，但他们老觉得自己很牛，认为我们是不合法的。”

×××公司董事长也说：“名不正则言不顺。没有书号，做书像偷偷摸摸的一样。从策划到发行都是我们做的，其实就是一个主体，但我必须受制于出版社，怎么可能做大做强？我们当然是愿意独立的，不独立你的思想没办法发挥，很多的想法没法实现。就像参加比赛，你的手脚被束缚着，你怎么能赢得比赛啊？不要说束缚了，参赛的运动员有一点情绪干扰，有一点思想波动，都会影响成绩，更别说束缚手脚了。”

××教育总经理认为，国有出版社有国家政策保护，目前这种格局，至少5年10年都不会改变。而且，就算真平起平坐了，出版社还有多年教材出版的优势，他们控制着国家的教材资源；新华书店单独发教材，他控制着发行的资源。实际上国家赋予的资源是不平等的。

最后要提到Z出版社，这是笔者所接触的民营公司满意度最高的出版社。

与Z出版社合作的几家民营公司都很稳定。为了与民营公司进行对接，Z出版社专门成立了一家书刊发行公司，注册在上海的高新区，可以有免税优惠。发行公司自己不策划，就是与合作的民营公司对接经营。政策上规定民营公司不能付的各种费用，就通过发行公司来付。因为这是出版社的独资企业，完全符合出版政策。民营公司所有销售的款项都回到Z出版社账上，Z出版社提取一定比例管理费后返还给民营公司。仅这一点，99%的民营公司都不敢这么做。但Z出版社每次收到回款后都会及时返到民营公司，一点儿也不扣。而且，书号费没那么高，每次需要都会及时给。当年新华书店系统只认出版社，Z出版社就帮民营公司开发票，甚至先开发票后算钱。原来图书订货会根本不让民营公司进场，Z出版社就给合作公司发出版社的工作证。万一政策上出了什么问题，Z出版社也会动用他们的政府关系帮助解决。

与Z出版社合作多年的一家民营公司老总，听到针对出版社的不满之辞后说："那是他们没跟Z出版社合作过。"另一家合作的老总也说："不是就交笔钱，合作是有感情的。"

民营社科公司与出版社合作状况调查

吴妍妍

经历过20世纪80年代“草莽时代”的书业见证者，闲谈时特别喜欢提及一个场面：那时候，大家背着袋子，里面装满了现金，见到书直接付钱……大袋的现金，大碗喝酒，一群有商业头脑的爱书人，共同完成了这个江湖的奠基礼。正是这时，分销机构中的民营力量即二渠道开始显现端倪。随后，出现了第一批“书商”，他们通过参与选题策划的方式与出版社合作，其中还涌现了诸多褒贬不一的标志性人物。

20多年过去了，今天的民营策划公司已经成为书业不可或缺的有生力量，他们与出版社的合作方式，也在向着多元、立体、注重细节的方向发展。越来越多的合作方式，供双方不断尝试，最终磨合出彼此满意的模式。

一、单纯的书号合作

单纯的书号合作，在目前仍然为数不少。一方面，可能由于民营策划公司已经足够强大，不需要出版社的资源为己所用；另一方面，也可能由于出版社太“弱”，根本无法提供给民营策划公司更多的支持。不管怎样，这种合作模式是最原始、最基本也是最省事的方式，至今仍被很多公司采用。在大众、教育、专业三大出版板块中，“书号费”的价码不一，大约从5 000到20 000元不等。总的说来，名社的书号费比一般出版社要贵一点，大众类图书比教辅图书的书号费要贵一点。书号合作意味着交易“一次清”，书号审批付费过后，两者再无瓜葛。无论新华渠道还是民营渠道，书都由民营公司发行。

在单纯的书号合作中，也有更细微的区分。比如，有的出版社和某家民营公司合作密切，则该公司可能所有或者大部分书都用这家社的书号出版，公司“打包”购买书号，价格可能会有些优惠。

书号的价格，以大众出版为例，从最开始的时的8 000～10 000元，到现在的15 000元左右，甚至有些书号可能会达到20 000元。比较强的民营公司，已经有了自己培养几年甚至十几年的发行渠道。因此，除非极特殊情况，大部分都是自己来发新华和民营两个渠道。如今已经跻身一线的Y公司，在起家之初，和出版社的合作还是将新华书店渠道让给出版社，自己只做民营渠道，随着逐渐强大，他们开始收回新华渠道，并且因此和一些出版社终止了合作。

有些出版社可能更在意年码洋的多少，不在乎此举可能产生的出版社“空壳化”问题。把民营公司一年所需的书号打包卖给对方，自己省事，对方也可以帮本社确立品牌。但有些出版社不想如此发展下去，他们担心这会让出版社的编辑和发行失去应对市场的能力，最终造成“空壳化”。中原某省的文艺出版社就是因此退出了和Y公司的合作。另一家大的民营公司曾经和某大学出版社有着悠久的合作历史，让很多人误以为该公司是这家大学社出资的在京机构，实际上，二者没有任何从属关系。该大学社按照市场占有率，显然在同类社中属于佼佼者，然而，一旦这家公司结束与他的书号合作，则出版社立刻变成一个空壳，没有好的选题，没有好的编辑团队，发行也萎缩近乎于无。一些北京的部委出版社以及一些边缘省份的出版社，都是业内比较熟知的与书商进行书号合作的社，这对其未来的市场竞争，并无益处。

对此有隐忧的出版社，会有意识地在与民营公司合作的过程中，利用对方的畅销图书，尽可能扩大自己的影响力，避免“空壳化”。例如北京的Z出版社，和几家言情类出版公司合作后，开始组建自己的团队来做言情类图书。沿海某文化大省的文艺出版社，因为与其合作的民营公司推出了很多炙手可热的生活书，出版社也将生活书作为自己的方向之一，尽可能地在里面打上自己的印记。

二、多种形式密切合作

在这种合作方式中，我们可以细分出更多的合作模式。

一种是出版社通常把民营公司纳入自己的体系，使其成为自己的一个单纯的编辑部或者一个驻京（或沪、粤等）的分支机构。

有时候，出版社聘请独立的出版人代表自己来管理这个民营公司，此时的这位此前既不属于原民营公司也不属于出版社的出版人，相当于其他行业很火爆的职业经理人角色，带领这个团队向出版社负责。这样的民营公司可能并不负责发行，只做内容。也有的在不断发展中，人员的构成和企业的发展让出版社及该公司都觉得可以做发行尝试了，也会进入发行环节。

无论是从前的 H 教育出版社与 F 公司的合作，还是现在的 E 出版社和他的北京社科图书编辑部，以及 G 出版社的在北京的赫赫有名的分支公司，都是这种合作模式的不同变体。民营公司这时候通常作为出版社在京的代表处（之一）存在，公司负责操作图书选题，发行由出版社来负责。G 出版社当年曾与另一出版人合作成立了公司，其后可能在利益分配上彼此有不同意见，最后该出版人退出并离开了公司。G 出版社从此将这家公司变成自己的独资公司，并请来新的出版人，以职业经理人的身份加入这个团队，对出版社负责，并带领着团队一直走到今天。他们今天的成绩业内有目共睹，不但在社科书出版领域声名赫赫，其他领域的出版也有涉猎并且成绩不俗。尤其重要的是，他们已经拥有了自己的优秀团队。

在密切合作中，我们可以先来看看分渠道发行。这其中有一个比较特殊的例子，如一家国字号的文艺社和上海一家民营公司的合作。众所周知，这家文艺出版社一直坚持本版原创，与民营公司的合作极少，之所以和上海这家公司合作，原因就是，该出版社自己也是这家公司的出资者之一，这家文艺社和另外一些单位以及个人共同出资成立了这家远在上海的图书公司。目前双方的合作方式大致是，由公司策划选题，通过出版社的审核后，该公司负担书号之外的其他费用。两家单位各发各的渠道。出版社如果需要图书，按大约 40 折的折扣从公司方面购买。

一家长江沿岸的文艺出版社与黄金组合的合作，过去也是一种特例，但现在有被更多采用的趋势。大约七八年前，这对黄金组合转会进入这家文艺出版社，出版社投资了 50 万元在京成立图书中心。随后，公司又变成股份公司。黄金组合与他们的核心成员，持有总共 54% 的股份，具体到个人大约从1%到17%不等。出版社及其出版集团，拥有剩下的46%的股份。

这家股份公司的成长性好，团队有实力，也非常注意“可持续发展”。他们每年会将相当的利润作为发展基金，重新投入企业继续滚动。由于这家公司的不断发展，该出版社在整个文艺社中的市场占有率最终到了第一名。这对一个出版社的品牌显然大有好处。

而该股份公司与青春文学天王级人物的合作，可以看做是民营公司与出版社合作产生了“二级单位”后，又与其他民营公司进行的更细致合作。2009年，不完全统计，这家公司的半数码洋，应该是由天王和他的团队贡献的。青春文学天王与他的公司做策划和文本，拿版税收入，按一定条件在年终分成。尽管他本人并没有在这家公司占有股份，但年终分成的收入，依然是一个很惊人的数字。

曾经听到传闻，小天王与他的团队可能另寻东家，但此事后来又不了了之。就分析看来，首先，黄金组合的运作以及该团队的职业化程度，已经是目前出版业最好的了，或许还存在问题，但的确已非常专业。这样的专业团队，对小天王及其团队专心做文本大有帮助，毕竟，做市场并非他的强项。其次，天王与其团队的身价水涨船高，如果跳槽，恐怕是大部分出版单位没有能力接盘的。当然，随着更多集团的上市，钱恐怕不再是首要问题。

另一家京城的老牌文艺出版社与×公司的合作，有人戏称是×公司吃掉了出版社，但×公司方面对这样的提法予以否认，坚称是一种“互相融合的合作”。实际上，该出版社尽管拥有非常专业的编辑团队，但他们之前在渠道上已经没有优势，而×公司人所共知的对品质的坚持和强大的渠道美誉度，显然能为这样的老牌文艺出版社提供结实的“腿”，让他们的书最终到达终端读者。

该社与×公司成立的新公司，在这家新公司里面，出版社的总编辑仍然担任总编，×公司过去一直在引进版上实力雄厚，新公司则因为新人员的加入，又开始强化对原创作品的关注。

在合作中，×公司的当家人显然对新公司占据绝对控制权，但出版社方面，显然也志不在争权或者控制，能够与渠道强大的民营策划公司合二为一，让对方有了“合法身份”，自己的好书也能够更多被市场接受，是一种双赢。“发行不行”的这家出版社，在与×公司的合作中，摸索出的是一条适合自己的道路。随着出版社的转企改制成为必然结局，出版者的企业身份无法避免，越来越多的有专业能力的人已经接受这样的现实。该文艺社与民营的大融合，最终完成了其从国营单位职工到国有私营合营公司员工的转变。

×公司除了与这家出版社的融合型合作，还有此前和N出版社的密切合作。×公司过去的书基本都在N出版社以及T出版社出版，近几年与T出版社的合作已经基本停止，但和N出版社的合作一直维系。尽管对N出版社来说，与×的合作只限于稿件的审阅和书号，但×公司提供给N出版社的条件依然是优厚的，每本书可能会支付相当于市场价格三四个书号的价格。在书号不断便宜的背景下，×公司为何还坚持这样做？就是为了双方有长期稳定的合作关系。

除了以上各种合作模式，在与出版社的合作中，还有一批不太被媒体和研究者关注，但实际上也十分常见的模式，即独立策划人的合作方式。

独立策划人可能只是一个自然人的身份，也可能是一个只有一两个员工的小工作室的负责人，这种独立策划人为需要稿源的出版社提供选题，经过出版社审核后，再从中按比例获得版税。版税的数量大约从一个点到四五个点不等，具体要看独立策划人到底做了多少工作。

比如，有的策划人只是负责寻找选题、牵线，把自己谈成的网络写手或者名气不大的传统作者的作品交给出版社，有些会与作者本人签订代理合同，有些则不和作者签订合同，直接和出版社约定好，在出版社采用这部书稿后，应该给策划人多少点的版税作为策划费。这种“蜻蜓点水”的合作方式，适用于并不强大的出版社以及单兵作战的策划人，按劳取酬，按件收费。

一些自己有编辑能力或者有个小团队的独立策划人，还可能在寻找到稿源后进行编辑加工，例如，完成三校到出片阶段。更有门路的策划人，可能会把这样的工作一直做到书印刷出来，但渠道完全交给出版社，自己以35折、40折不等的折扣，把书再卖给出版社。在付款方式和时间上，卖出多少、结算多少和预付多少，再与实际销售结账相结合，这些也要视出版社和独立策划人的合作深浅以及约定而定。

这类型的合作中，独立策划人付出的，往往是脑力成本。一些人熟悉网络，他们对这类选题的敏感程度超过一些市场意识不强的出版社编辑，这种发现资源的能力，以及作者与出版社之间信息的不对称，让策划人可以从中得到数个点版税。

独立策划人的合作模式，一般在大众图书领域比较常见。在专业出版和教育出版中，前者的进入门槛比较高，后者则对渠道的要求高，都不具备大众出版的可以由一个人单枪匹马策划出一部作品的条件。策划人模式的合作，成就了一些赫赫有名的策划团队，例如策划财经图书的 L 公司等等。策划团队将图书策划好之后，交给出版社出版发行，策划公司再参与分成。

出版社与民营公司的合作，还有一种更新鲜灵活的方式。出版社在出版之初，不需要民营公司支付书号费，选题除审核外，出版社也不做任何干涉。当图书进入市场进行销售，出版社要按照实际销售的多少，收取 3 到 4 个点的版税。一般一本普通的文艺书，定价 25 元，实际销售如果为 2 万册，则最终给出版社的钱为 15 000 到 20 000 元；如果销售 1 万册，则为 75 00 或 10 000 元。而一般文艺书的普通书号费可能在 1 万到 1.5 万元之间。这时候，如果销售低于 1 万元，则出版社亏了，如果高于 1 万元，则出版社赚了。无论是赔是赚，这种在初期不需要民营公司直接支付书号费，而是在销售之后结算的行为，都是出版社对民营公司策划图书的一种风险共担的行为，降低了民营公司的成本。毕竟，对一个资金流就是生命的小公司来说，将一两万的资金不是交给出版社而是在市场上滚动，对其更有益处。一本书可以节省一两万的书号费暂时缓解了流通压力，如果一个月推出 5 本书，就是 5 到 10 万元，这并不是小数目。

在出版社与民营公司的合作中，我们看到，出版社更注意自己的年销售码洋和品牌，以及市场占有率。而民营公司，在残酷的市场中搏杀，想要的则是资金不能断流，企业要生存下去，因此对资金的追逐更热烈，成本控制是第一要务。要尽可能少支付现金，尽可能用自己的资源来与出版社谈判，提供他们需要的东西。一些小公司在与出版社的合作中，包括图书的印刷费用，都可能由出版社预先垫付，策划方所付出的，只是脑力劳动而已。这样做，可能在一定程度上增加了出版社的风险，但对急需好的选题的出版社来说，这又是必须要迈出的一步，其中的取舍要根据各社的不同情况。

对出版社来说，从长远发展看，他们更乐见这样的模式。毕竟，策划者只获取一定版税，印刷发行等都由出版社控制，出版社占据绝对的主导地位，拥有自己的核心竞争力。很多出版社觉得，自己最需要的，就是这样的小团队——管理灵活，为自己的选题生血。而对民营来说，如果大家都如此操作，则民营公司存在价值就被大大削弱。所以，只要羽翼渐丰，民营公司首先要组建的就是自己的发行团队。只有自己有了发行能力，他们才会觉得自己做的是可以持续发展的事业。

由于地面店的账期等问题，小公司首先和出版社争夺的往往是网络书店发行权，毕竟，网络书店不管怎样压低折扣，回款基本都能有保证，保证了小企业的现金流。民营公司只要网络书店渠道，这也是一种发行上的合作模式。策划公司在选题策划、编辑之后，交给出版社印刷然后发行，地面店的新华和民营渠道都由出版社来做，自己只做网络书店，可能会以30折的价格从出版社购书，然后卖给网络书店，而绘本可能要到35折左右。出版社为什么会同意将回款最快的网络书店让给民营公司？除了私人交情外，最大的可能是，这家出版社的编辑能力较弱，而民营公司的选题策划能力得到了出版社的认可，出版社需要好选题，他们愿意让出一部分空间给合作方，以保证更长期的合作。在2009年，寻找合适的民营公司进行合作已经是出版社的一种认识，双方都在频繁地寻找合作者，尝试合作。这种你中有我、我中有你，合作模式既细致又多样的局面，对出版业应该是件好事。

像D公司这种自广东发达地区北上，一掷千金，凭借资本的力量，在短期内做出许多像样的图书，又迅速通过自己的渠道优势组建起发行平台的民营公司，实属少数。但这少数，也可能是出版业进入资本时代后的一种趋势：因为资本的介入，策划选题和渠道发行的积累时间，被尽可能地缩短。重金挖到的成熟团队可以迅速进入工作状态。随着业内外资本的不断进入，这可能会成为一种必然。

书业风云人物L和其所带领的团队，则又是一种与上述这些合作都有所区别的合作方式。一家东北的出版集团成功上市，让其旗下各成员单位有了雄厚的资金。L以职业经理人的身份，与这家上市集团旗下的一家出版社合作，获得了双方所成立新公司的49%的股份，而出版社以51%的股份控股。对L来说，这看起来无本万利的好事，也并非轻松获得。由于签订有对赌协议，前3年要完成的利润指标并不轻松，如果能够完成，则协议继续有效；如果不能完成，则会从自己所有的股份中逐步扣减。

民营以工作室的形式参与出版，也成就了很多出版社。例如Q出版社，最初的计算机图书就是由几家民营公司做起来的。H公司的产品和机制，也把J出版社整个带动起来。工作室一般只做前期工作，后期发行交给出版社，这是双方最核心的合作方式。让能够做好文本的人专注去做文本，让有渠道发行能力的出版社专注于把好东西推向市场，这是双方最乐见的形式。前提则是：互相信任，有长期共同发展的认知。其次就是，社领导保持稳定。一般说来，一个出版社领导的更迭，很容易引起与民营公司合作的变化。究其原因，出版社领导个人的出版思路的改变，可能让其由原来的关注某领域，改为关注另一个领域，而现有的合作方提供的产品可能并不是他要发展的方向。

例如，前文提过的H教育社与民营公司合作，一直在社科书领域有专长，但领导的更迭，让方向产生了变化。而G出版社，尽管社领导已经变化，但新领导仍然坚持上一届的人文传统，因此人事的更迭，最终影响到了H教育社的出版方向，但对G出版社则并没有什么影响。

什么样的出版社爱和民营公司合作？过去一般认为，自己实力比较弱的出版社，才会去寻找民营合作。但现在，这样的观点显然已经落伍，不但实力弱的出版社会寻找民营公司，实力很强的出版社，也会自觉地去寻找民营合作者。一方面，可能是想开辟新的出版板块。这种情况下，未能完成转企改制的单位，大规模进人有些困难，就会通过寻找合作方来补充。另一方面，也有的出版社意识到，与民营的合作模式作为一种有益补充，即使自己现在并没有明显的选题、营销上的需要，也应该先尝试接触，以便从市场经验成熟的民营公司身上，为自己的编辑找到合适的老师，锻炼队伍。一般来说，成长性较好、当家人比较强的民营公司，最受青睐。而这样的公司，的确已经到了“一家有女百家求”的局面。一旦再成功策划过几本炙手可热的畅销书，就更为合作条件加码。

出版社选择民营公司，第一考虑的就是选题策划的能力，这是民营公司的核心竞争力。第二是主要成员的业内口碑，由于和民营合作风险会比较大，一个没有信誉的民营公司，可能进入众人心目中的黑名单，出版社在合同签订、资金投入上都会有更多的顾忌。第三是预估双方合作的时间，出版社更想寻找一个能长期合作的伙伴，而不是频繁换人造成人力、物力的浪费。

民营公司由于自己掌握资源的多寡，对出版社的选择也会有不同。实力较强的民营公司拥有较为强势的策划编辑团队和发行团队，对出版社的依赖几乎是零，这时候他们可能选择一些对合作方较少干涉、比较“低调”的出版社，以尽可能事事可以自己拍板。再小一点的民营公司，往往核心竞争力是选题策划，但发行欠缺，他们会寻找发行较强的出版社。规模更小一点的民营公司，现金流上可能时断时续，他们需要一个有比较雄厚资本的出版社，能够在认可选题后，垫付一部分前期成本，让自己的事业能够滚动发展。单枪匹马的策划人，可能会去选择名社，他们最需要的还不是赚钱，而是通过与名社的合作，在业内有自己的“名号”，让更多人认识自己，有更多资本可以和今后的合作方谈判。

如何在与民营的合作中巩固自己的品牌，这是一个值得出版社关注的问题。有些出版社会要求，尽可能缩小民营公司在书封面封底上的 logo，弱化民营公司的印迹，保护出版社在普通读者中的品牌形象。但大的民营公司，也会非常注意维护自己的品牌，例如 Y 公司，就会为所有的书加上大腰封，或者附有自己办的“小报”，尽管此举可能让生产成本增加，但却让终端消费者一下子记住该品牌，培养了忠实客户，也是投入最少的品牌维护广告。

突出谁弱化谁，如何突出如何弱化，这是一个双方博弈的过程，最终的结果也各不相同。

在与民营公司的合作中，的确存在着许多风险，风险最多的，来自资金。尽管有合同保证，但只要出版社预付了资金，或者出版社没有掌握全渠道的发行，那么，策划方最终没有按照合同约定履行条款的事情就会时常发生，造成合作的难以继续。此时，一种选择是诉诸法律，但这样成本太高，很少有出版社真的去做。另一种选择是自认倒霉，在下一次合作中谨慎再谨慎地选择合作者。事实上，无论合同如何严密，违约后果规定得多么严重，在一个信用机制尚不发达的大环境中，违约的成本都变得很小很小，而违约的几率增大，违约的事件发生成为常态。这也让出版社颇为头疼，尽管损失的是“国家资产”，但如果造成的损失影响到正常工作的开展，就很难承受，也会让其迈出去的艰难一步又缩回来。

对于民营公司来说，好的出版社也同样可遇不可求。除非出版社在公司有股份，双方共同分成，否则，仅仅凭借渠道上的合作，民营公司策划的图书，永远都像“后妈的孩子”，无法和出版社的本版书享有同样的权利。发行人员在向市场推广这些书的时候，除非你是《藏地密码》、《金融的逻辑》一类的大热畅销书，否则，很难引起出版社发行人的重视。在铺货、上架摆放、媒体推广等方面，出版社永远会先照顾自己的本版书。一些很注意营销的公司，会在图书上市后做大量的宣传工作，但读者反馈往往是：某某地没货。这表明，民营公司和出版社的沟通有问题，是否要作为重点书来关照，双方没有合同约定，后期的沟通工作也没有跟上，宣传这时候做了无用功。

另外，在结算上，民营公司也会深受其苦。合作双方按照版税方式来结算，即使回款已经到达出版社账面，很多出版社也会推迟给民营公司的结算，时间久了，民营公司的现金流将会受到巨大困扰。出版社结款慢，该结的款项不结算，这对一些前期投入比较多、自己承担了印制费用的民营公司，有可能造成灭顶之灾。也因此，一旦有了一定的实力，无论组建一个发行队伍多么困难和耗费财力，民营公司都要坚决组建自己的队伍。更因此，能够不支付前期成本的时候，民营公司会想尽办法请出版社垫付，因为，彼此对对方的诚信，都有怀疑。这是目前不完善的出版环境中，必然存在的尴尬。

出版社与民营公司两种不同的办事风格也会发生冲突。前不久有这样一个案例：出版社要求审核民营公司的稿件，但其后不久，该出版社发现，自己的审稿还没完结，书已经在排行榜上了，打电话一问，对方已经出版了。这时候，双方往往会有博弈。对出版社来说：我要对内容负责，不能有违法违禁内容。而对民营公司来说，市场的需求每天都在等待，必须加快速度，加快出书的速度和资金滚动的速度，这是市场经济的要求。当完全不同的两种套路和行为碰撞在一起，就很容易出现大小龃龉。

随着书号的逐步放开，出版社与民营的合作也出现了很多细微的变化。过去，为了拿到书号，民营公司处于劣势。而现在，随着书业的发展，政策的渐进开放，书号不再是稀缺资源，与这家谈不成，还有很多家出版社在等着合作，民营公司不再为书号发愁。某出版社每年几乎不做本版书，依赖每年书号的收入，也能让几十人过得很好。能够卖出很多书号的编辑，甚至被视为有能力的编辑委以重任。这说明，有些出版社的空壳化现象已经十分严重，其核心竞争力全无，拱手将主导权让给了民营公司。

几乎靠买卖书号为生的出版社，一般是出版社内部队伍比较弱，编辑队伍老化，加上体制的原因，好久不吸纳新人。他们发行能力弱，领导者市场竞争意识不强，也不要求员工主动参与市场的竞争。这样的出版社一般人员不多，每年的书号收入，也够维持正常人事运转，再加上往往会有一些项目可以运作，依赖项目资金和书号收入，日子就能过得很好。他们的市场压力不大，自然没有参与市场的动力。

据不完全统计，至少有五分之一的出版社，是将书号收入作为自己的主要经济来源的。这些出版社几乎没有自己的本版图书，它们大部分在边远地区，本地市场狭窄，在京沪这样的大城市，更缺乏竞争力，最终逐步空壳。

完全不与民营公司合作的出版社也并不多，不过许多出版社并非赖此谋利。如L出版社，也以股份的方式入股武汉一家民营公司，这里的书号肯定是不需要对方付费的，L社自己在少儿图书领域实力雄厚，完全不靠书号为生，而是只将这样的合作作为一种多元的补充。

对于一些内陆或者边疆的出版社来说，与民营公司的合作还有一个好处，就是将对方纳为自己的驻京（或沪、粤）分支机构，作为一个触角延伸在北京等中心城市，借此得到更多的媒体资源和更多的关注。这样的合作，往往双方依旧自负盈亏，但出版社会为民营公司提供一部分书号，自己则在需要的时候，借由这个自己的驻京机构的名义，举办新闻发布会等活动，收集媒体信息，与大经销商密切联系。双方各取所需，都用最少的支出，达到自己的目的。

最新的状况表明，在各种各样的合作关系的磨合中，合作双方的视野都变得比从前开阔，合作的形式不再拘泥于以上几种。寻找合作方，大家的观点往往是：一切都可以坐下来谈。

选择什么样的出版社合作，对于民营公司也存在两难。如果想要更多更好的条件，除非面对的是弱势出版社，而弱势的出版社，又无法提供任何的服务给自己。与强势的出版社合作，对民营的品牌会是一个提升和促进，但对方的要求又会比较高。

总之，最终的谈判达成的协议是非常细化和无法进行清晰归纳总结的，每一家都各自不同。

国有民营合作，来自体制内的声音

鲍　红

这里是一些国有出版发行单位的负责人，有出版社，有出版集团，还有新华书店，以及发行集团的出版部。这里有名社强社，也有小社弱社。他们眼中的民营书业是怎样的，他们如何与民营公司合作，他们有什么样的观点和建议，让我们一起听听来自国有体制内的声音。

以我为主 广泛合作

某出版社副总编

虽然没有做很充分的准备，但是心里都有数，因为民营文化公司是一个不争的事实。

这些年市场上发生了很大的变化，民营公司的分化很严重。有些民营公司规模不是很大，原来经营的特点也不突出，现在感觉到越来越难了，有的已经开始收兵了。也有一些民营公司确实做得非常好，在专业领域做得比出版社要好得多，出版的图书品种很有特色，在市场上也很有影响力。

个人认为这是一个好现象，这是出版业发展到一定阶段出现的可喜现象，因为追求长远的发展才是一个企业存在的真正意义。我觉得现在真正存活下来的民营公司都有这个志向，这方面反而是我们正式的出版社应该向他们学习的。

作为出版社来说，一方面是应该向这些优秀的民营公司学习，另外就是如何利用我们自身的资源，和这些优秀的社会资本进行一个组合——当然要以我为主。这是出版社需要做的事情。

民营公司现在的结构也比较多样，以前民营公司多是私人的资产，现在已经比较多样化了。有些民营公司的图书确实非常不错，很讲究文化品位，不像以前许多文化公司只要书好卖就行，在图书品位上没有什么太多追求。另外，现在很多文化公司做到一定规模，在考虑市场的占有率，所有这些都是从现代企业的角度考虑问题。目前在各个板块都有比较突出的民营公司。

我们出版社这些年采取的方针，是和民营公司广泛合作。只要与很优秀的民营公司有这种合作前景，我们都不排除，但是要采取以我为主的方式。

前些年我们合作比较多的，有一家少儿类图书公司。我们的合作方式是，他们做前期的策划，所有的印制和发行由出版社负责。他的策划能力很强，我们合作得也很不错，但是后来不做了。因为这家公司有时候不像出版社那么规范，在版权上多多少少存在一些问题，后来我们发现了，跟他们的合作慢慢就少了。

我们跟教育类民营公司有不少合作。他们工作做得很细，这是出版社所不及的。这些教辅公司出一本书，能把所有相关的教辅书都买来，放在那儿做一个比较，他策划的书保证是最好的，他有这个底气。再有就是，他对市场的分析比出版社厉害得多，出版社有时候像无头苍蝇，编的书到市场上往往是不对路的。

还有一家民营公司，它在特殊渠道做得特别好。我们跟他的合作，就由他做特殊渠道，我们做主渠道。

最近两三年，我们的方针又有了变化，追求深度合作。通过资源、资金上的整合，把他们融为一体。当然，前提是出版社要控股。在各个领域的文化公司里面，我们做了一些细致的分析，选择了一些我们认为在某一个专业领域做得比较好的文化公司，跟他探求这方面的合作。当然这个有时候也是一种缘分，除了以前合作的基础，互相之间都比较信任才有可能做到这一点。

像文艺书的市场，竞争是非常厉害的，确实有些民营公司做得非常好。我们在业内筛选了一下，后来达成合作的主要是两家，这两家是业内普遍看重的，做的书是比较有品位的。2007年，我们与其中一家做了资金上的整合，共同注册了一家合资公司。我们控股，他们注资。合资公司没有出版权，跟出版社之间仍然按照国家规定的程序走。目前来看势头不错，它的翻译书在市场上有一定的影响力，港台版权书也有一定的规模，还有一些作家的版权也陆续在这个公司手里。成立三四个月，码洋已经达3 000万元，应该说效益不错。我们比较看好这种合作模式。

除此之外，我们还有一些其他比较灵活的方式。比如像我们出版社有个资深的老编辑，退休了，很多出版社都想请她去，但她对所在的出版社还是有感情的，我们觉得这个资源还得利用上，怎么办？我们出版社给她成立了一个工作室，有些书她愿意个人投资就个人投资，愿意出版社给她投资就出版社给她投资，双方商量了一个合作办法。这个工作室这些年给出版社创造了很多社会效益，“国家政府奖”和“五个一工程奖”有好几本书都是她做的。这又是一种合作形式，我们不能把老编辑的资源丧失掉。

据出版行业资深人士估计，财经类畅销书榜上，70%是由民营公司策划的。

随着社会的发展，出版的多样化是一个不可回避的话题。民营公司的存在和繁荣都是现实存在的，我们作为国家的出版单位，怎么样能够整合这个资源？简单地卖书号，现在被绝大多数的出版社排斥了，那有什么意思？一本书挣不了多少钱，还好像给人家打工似的。追求深度合作应该是一个潮流。

客观地说，如果不是现在的出版政策，文化公司根本没有跟出版社合作的必要。如果市场完全放开，他自己可以做得非常好。跟出版社的合作前提是，当他做到一定的规模，它要提升了，需要跟出版社形成一个长期的品牌，打造一个平台。还有，文化公司也缺少出版社所具有的优势，比如利税返还这些政策文化公司是享受不了的，它在社会上的地位仍然是二流。所以，它希望跟出版社合作把一个品牌做大。

如果没有这些政策限制的话，假如我是一个文化公司，或者我是一家香港公司，我自己做得非常好，我为什么要跟出版社合作？你的机制又那么死。有人说出版社有长期积累的品牌，实际上品牌是人创造的。

合作能否明确双方权责？

某出版社总编辑

整个国家改革开放30年来，新闻出版领域发生了翻天覆地的变化，作为体制之外、产业之内的民营出版，为什么它能够生存？主要有以下几个原因。

第一，从出版社的编辑和选题开发来说，现在出版社的力量并不能完全满足市场需求。很多有50多年历史的老出版社，包袱很重，机制转变需要一个很长的过程。现在人事制度改革许多问题解决不了，编辑的流动性差，人才跟进不上。而对于民营公司来说，根本不存在这些问题。

第二，从民营公司来说，它确实许多方面比出版社更优秀。他们做什么事儿要比出版社钻得透，对市场的走向、读者的定位更了解。民营公司在市场占有率、发行渠道的渗透等方面要比出版社强。在教辅出版领域，从出版的规模和市场占有率来看，民营公司约占有全国市场95%以上的份额。而且，民营图书的质量总体来说是上升了，有些公司的编辑软件每年都要花几十万元进行更新改造，他们的策划能力已经超过出版社了。民营公司胜出，一靠质量，二靠机制，还有就是市场。包括跟我们合作的两家大公司，一家的质量特别好，另一家管理非常好。

我们出版社虽然有自己的专业方向，但实际上是很综合的出版社，什么种类的都出，而实际上所有都做是不可能的。后来我们做了一个调整，就是做文学、教育和综合。有些选题出版社实力有限做不了怎么办？就由民营公司来做。

我们出版社与民营公司合作出版的主要是教辅书，一般图书没有。以我们合作的民营公司为例，有两个环节给我印象最深。

一是市场研发。他们有专门的市场开发部，有几十个人在调研，直接面对一线老师、学校和科研单位，他们对市场调研的深度和广度是出版社不可比的。他们要开发一套新品，会把市场上所有同类产品全部拿来做比较、做研究。他们还花钱设计软件分析这个市场，市场分析的表格列的项目非常详细，每一个调研人必须把这个表填全了。编辑做选题策划的程序也非常严格，对选题的开发做得非常到位，很准确，也很能做出自己的特点。

二是发行。民营公司的发行要比出版社到位，除了业务员进行销售市场的开发，后面还有一块叫客服，好多出版社都没有这一块。业务员开发的渠道和市场，客服紧跟着服务，哪个地方需要调货，哪个地方缺什么货，服务很及时、到位。

出版社这一块受体制限制，有些事确实有些不好办。比如软件上的投资，编辑作者上的投资，对于出版社来说效果就没这么好。现在我们也在反思这个问题，同样一本书，让民营来做，一拍就能卖个十万八万，出版社却不敢拍这个板。

出版社跟民营公司合作的好处，就是有经济利益。但跟民营书业合作，对于出版社来说有两大弊端。

第一，实际上合作把出版社的编辑带懒了。一旦合作以后，这个编辑找合作，下一个编辑也会找，再下一个编辑又会找，这些编辑就不是编辑了，就成小商人了。现在我们把一般图书方面的合作停了，彻底停了不合作，一定要把出版社的核心竞争力培养起来。

第二，就是市场分割。把特殊渠道让给民营做，影响还不大，因为市场区隔比较大。现在多是出版社做主渠道，民营做二渠道，渠道虽然不同，面对的却都是同一个市场，就存在竞争和混乱。

还有一些事我们也很茫然，现在合作中有很多管理的漏洞，或者管理到不了位的地方，比如印刷环节、现金流环节。现在教辅公司也有印刷，而且负责发行，印的数量和品种非常多，这些对我们来说管理很难。以后政府能不能把责任更明确点，比如哪些问题是民营的责任，哪些是出版社的责任？

还有一个问题是，合作的教辅公司规模都非常大，但是我们的出版规模又不能太大。前几年合作的规模最高峰的时候，我们每年拿出100多个书号，去年只有50多个书号。书号不足，跟我们合作的民营公司就可能同时也跟其他出版社合作，那我们就更归拢不起来了，很难成为一个整体。

我们现在就是和民营公司深度合作，但也确实有很多困难。原来民营公司进入就是想挣点钱，现在有些民营公司做大了，就有点不知足了，就追求有点抱负：我为什么不能做出版？我为什么不能做上市公司？现在民营公司出版权上还不敢奢望，但在发行权的市场分割上期望还是很高的。

从民营公司的生存状态来说，他们估计不会再消失了，肯定会一直存在下去。民营书业发展不仅为市场作贡献，也在为出版社作贡献。

总体来说，希望制定政策能够真正推动中国出版产业的发展，这是个大前提，再就是出版社的责任和民营的责任应该分得更清楚一点，包括编、印、发这些环节。这样对出版社和民营都有好处，对整个市场规范也有好处。

出版社要在机制改革上花大力气

某出版社副社长

我们的情况比较特殊，是国有资本、市场机制。国有资本就是完全国有投资，市场机制就是我们团队主要走市场，实行职业经理人聘任，这种方式就把出版社里的一些人事、机制问题排除在企业之外。有了机制保障，大家也能尽心去做，我们每年都是以100%以上的速度增长。

出版社和整个现行出版管理机制都是在计划经济时代设置的，以前做选题都是政府给的选题，随着向市场经济的转换，选题要从市场里来。现在生存环境变了，而政策法规没有变，我们就是根据这个背景设定的国有资本、市场机制。

现在民营公司跟出版社合作是不得已，他只是借助出版社，以后长大了就能把你吃掉。其实，出版社完全可以根据自己现有的优势结合市场的经营来做企业。比如出版社和个人或者出版公司注册一个公司，交给民营公司来经营，给他们提供最大的空间和资金、平台去做。

从计划经济向商品经济、市场经济转轨，出版社自己培养人才需要的周期很长，因为现行机制、理念能够面向市场经济的很少，自己培养还不如去挖人。怎么样把人挖过来，机制很重要，比如把强势的人挖过来了，在利益分配上怎么做？原来一个编辑做了一个特别大的项目，比如1 000万甚至一亿，但是分配的时候还是传统思维，他不能跟出版社对半分，只能拿利润的百分之几。实际上有这个项目有这个人在，对企业的影响是决定性的。有时候出版社往往因为方方面面的因素，没有按照市场的规律来做事，最后导致自己培养的很多人才都流失了。

紧张有序的办公环境。

现在政策环境非常好，中央领导层面鼓励产业化、市场化，绝大部分出版社也意识到要走市场化这条路，关键是小环境。小环境应该从试点开始，小试点取得成功以后，再逐渐推进。个人觉得跟民营书业合作是挺好的办法，但是要想怎么在理念、管理、机制方面超过他。

以现在的合作模式，最后绝大多数都是出版社失败。因为你的理念比他落后，你的办法没有他多，投入的人员不够……最后走着走着，你会发现所有有竞争力的东西都在别人手里。出版社如果不使劲，在机制改革上不花大力气，再往后走几年就会非常困难，因为市场的门槛会越来越高。

整合是未来之路

某出版社副总编

实事求是来讲，民营书业的发展其实是市场规律的一种必然。20 世纪 90 年代，他们基本上是以发行公司的面目出现，2000 年之后大量以策划公司的面目出现。

为什么说民营书业是市场规律的必然？90 年代后国家要求出版社走市场，就是你出的书得卖得出去，你得有利润。说起来这么简单的事情，在很多出版社做起来却特别难。为什么？因为过去有经费或者有教材，有特殊政策，日子能过得下去。但是一走市场他们就不行了，他们没有这种运作理念。这个时候，能做市场的人就出来了，这就是民营书业出现的必然，这是一种市场的召唤。

最开始进入书业的门槛非常低，经过多年来的市场打拼，优胜劣汰，很少的一部分民营机构存活下来。之所以能存活下来，是他们的选题、渠道，以及其他跟市场有关的条件，经受住市场考验了。还有非常多的转型了，不做了，被市场淘汰了。

现在的民营书业是什么样的状态？我觉得他们在寻找出路。因为他们始终觉得自己是二等、三等公民，虽然他们也挣了些钱，也出了些好书，但就是觉得自己是小媳妇，这是非常多的民营从业者很强的感觉。另外，现在有很多方式给他们展示以后该怎样做，比如国有资本和民营资本合作以后，越做越大，这一块长江出版集团做得很不错。目前很多民营书业对怎么样往下走很困惑，一是不甘于做小媳妇儿，另一个是市场竞争太严酷，他们也面临能不能挣钱，能不能壮大。

民营书业也有很多环节上的缺陷，除了没有品牌，有的可能营销不大行，还有一些渠道不大行，也有一些选题策划有问题。现在大众出版领域的民营书业中，真正策划很好的我认为只有十几家，这部分人很少。这也是符合规律的，很好的一部分人很少，很差的一部分人很少，中间一块很大。

民营一路发展过来是市场必然，在发展的过程中优胜劣汰，现在他们在寻找出路。主管机关首先要客观面对，你面不面对它都存在。市场的需求使得这些人能够存在，而且他们肯定还会成长。

今后，我个人觉得发展的趋势就是整合。无论从出版社还是民营公司来讲，整合都是一种趋势。一些出版社说不合作，但确实在卖书号，卖书号也是一种合作。现在要做的，一句话，应该变暗为明。既然能卖书号，干脆挑明了一起合作，真正出问题的是在暗地里做事儿的，而不是摆在明面儿上的。

一些发达国家的书业发展到现在，也是整合的结果。比如兰登书屋，下属上百个出版机构，每个出版机构一个方向，兰登是大品牌，每个机构在兰登的大品牌下发挥各自的优势。我们现在也尝试，把平台搭建好，然后吸纳一些优秀的民营资本和民营出版机构。当然这个是要经过反复选择的，可能他在选题策划方面有优势，也可能在营销方面有独特渠道，或有其他一些出版社根本不具备的优势，然后大家整合在一起。

我们现在也在这个平台上选择好的团队，前几年选的×××，把他的文化公司放在这个平台里，他自己有很好的选题策划思路，但是他缺少宣传和发行渠道，这正好是我们的优势。两者优势互补，仅这个团队一年能创造上亿元的码洋。有这么好的优秀资源为什么不能拿来做？

实现这种整合的关键在领导层，要有整合的智慧，要有好的理念，另外还要有人才。如果这些条件不具备，你很可能就被人家整合了。所以，作为出版社领导这个层面来讲，要迅速提升对市场理念这方面的能力。另外，我始终觉得我们出版社的老总要亲自做一两本书，特别是大众书，做一两本畅销书，别只要求编辑，你先自己做出来特别有发言权的书，再告诉大家怎么做，然后再选择一些社会上的好资源。

总之，对于民营书业，一个是客观面对，不回避，不歧视，同时用相应的政策把它整合进来，可能是今后比较有效的方式。

堵死合作　照样发展

某出版社副社长

说起跟民营公司的合作，我们还是有一些体会。首先是肯定目前社会上的民营公司，他们存在着一些优势。

第一个体现就是他们的人员素质。我们接触的一些民营公司的人员，还是具备一定素质的。他们有些是从出版社里出来的，有些当过大学老师，有些以前也是从事过文化行业的，个人的素质还是可以的。

第二，他们的机制比较灵活。因为有一个利益的驱动，毕竟是个人的企业，跟国有企业不一样。

第三，他们的书的内容有些还是很好的。内容编排符合市场的需求，特别是教辅，还有一些其他领域的图书。

当然，民营公司跟出版社合作也带来一些弊病。

第一，合作运作有时候不是特别规范。我们曾有一本合作出版的书，本来书很不错，但出了点问题，对出版社的影响很不好。

第二，三审三校没有正规的出版社严格，有些“萝卜快了不洗泥”。

第三，侵权问题。有的版权没有顾及到，经常打官司。

第四，渠道分割造成一定的混乱。民营公司来找出版社谈合作，首先就是要谈渠道发行，一般出版社负责主渠道，民营负责二渠道。一个企业出的同样的产品，两个折扣，这给市场带来很大的麻烦。最后退货、结账也带来一系列的问题。虽然有约定谁发的书都做上记号，但是实际操作起来很难，书店什么也不管，一概给你退回来，造成一些不必要的退货损失。

第五，长期下去，出版社对民营公司的依赖性会更强，特别是一些中小出版社有这个趋势。民营公司一开始是有求于出版社，但是做大做强后，出版社在他们面前就没有了话语权。

经过那场合作风波，我们出版社规定，任何分社不许跟民营公司合作，当然组稿的形式是可以的。有稿子来，我们付稿酬和版税之外，可以给他加 3～4 个点的组稿费作为回报。除此之外，其他形式一律不准合作。这几年运行下来，对出版社的发展也并没有什么影响，还是保持每年一个亿的增长。我们感觉，出版社要有这种话语权，还是要增强自己的实力。

我们出版社并不需要民营公司的资源，我们资源主要来自于几块。一个是引进版。我们每年引进的品种有 800 种，这是我们的优势之一，最优秀的资源、最好的资源还是来自于国外。我们有政府教材，与各级协会、各种考试机构都有密切的合作，政府资源也是我们重要的资源之一。再一个就是向市场要资源，这需要编辑有这方面的能力，所以我们一直强调加工编辑和策划编辑分开，目前有 100 多位编辑只负责组稿、策划和营销。这样就没有必要再依托民营公司找资源。

销售情况上，主渠道、二渠道我们都有很好的关系。新华书店的款 8 月底全部能回到，12 月底集中收款。我们各大书店还是第一供应商，也有一定的优势。民营渠道也占我们销售的 50%。应该说产品就是渠道，你有好书，民营自然会找上门来。在主渠道、二渠道之外，我们还有第三渠道，在全国建立很多校园书店，还有一个网络书店，2007 年仅两个网站销售就有 8 000 多万，主要以科技书为主。我们还有一支专门的队伍做图书馆，跟几百家高校图书馆建立长期的联系。

现在有几个民营公司要跟我们合作，就是看中我们的销售渠道和销售能力。我们始终坚持一条，关键环节要在出版社里面，编、印、发都要在我们社的流程里进行，最起码的底线是不能销售，你不能供两个渠道发行。因为我们的折扣是全国统一的，如果有一个地方放开了折扣，马上就会引起混乱。我们本身就是想把这个口封死，所以是不合作的态度。这个我们有教训。这几年割断了跟民营的合作，也没有阻碍发展。

我们也在讨论，目前文化公司给一个公开的身份，好像不太合适。他们存在也就存在了，但是公开身份，很多中小出版社空壳化会更加严重。因为民营公司还要做发行，他们的折扣肯定要比正规出版社低，都是45、50折，这样折扣战会愈演愈烈，给整个市场带来混乱。

期待合作的阳光化

某出版社社长

说起国有民营合作，对我们来说是一个沉重的话题。

现在民营书业的现状，据我了解，如果从资金和规模来讲，有三种情况：一种是小规模、小资金，现在有一些盗印、版权官司，主要问题就在这些公司身上。这些公司的数量不少，大量存在。第二种是大资金、小规模。他们在书业已经发展多年，积攒的资金恐怕不止千万，他们甚至能控制一些类型的出版方向，左右一部分出版的形式。这样的民营公司有相当的数量，但他们对外规模很小，为人低调。第三种情况，大资金、大规模。他们在业内很有知名度，做书也比较认真，他们就不仅仅控制着某一种类型书的方向，恐怕还能左右相当一部分出版社的命运。

民营书业的专业分工很细，出现了很多的品种类型，比如奇幻书、励志书，过去我们从来没有这么分。由于政策和市场的原因，尽管他们规模很大，现金流可能超过了出版社，但几乎没有一家民营公司是综合出版的。

再来，民营书业两极分化明显。弱的更弱，强的更强。因为市场问题、管理问题，很多民营书业退出市场。民营企业有自己的长处，就是他们适应市场的能力，但他们自身有不可克服的障碍，譬如说他们要找书号，是二三等的公民，这些也是他们退出市场的原因之一。同时另一极越来越强，一个民营公司能顶好几个出版社的实力。

谈一下我们出版社的情况。

我接手这家出版社一年半，之前确实欠了很多钱，近千万的负债，加工费、稿酬，真金白银地往外给。这不是财务意义上的负债，财务意义上的负债还可以调账，现在欠人钱明天有人就找来了，你还得躲，还得说好话。这种情况下，上级又不给钱，实话实说，我只能卖书号。一万五、三万五，越多越好，先还了点钱。原来想只做三个月，后来做了半年。

我原来计划做个“三部曲”。第一是合作出版，做民营公司的主渠道，书号不收费了，我用了民营企业的资金做了我的加工，我回款给人家一些折扣。就算用他的运营费做投资，我给他利息好不好？用人钱了得给人家折扣吧。第二步等我有了一些积累，拿钱买他创意的书，因为我们的创意能力很弱。第三步，我想把民营企业吸引到内部来，就像许多出版社做的那样，把一些优秀的民营企业吸引到自己体内来。

我们没有房子，也没法赚物业费，就希望将来走好这三步。但实际走起来步履维艰，迈到一步半就停了。我们现在非常苦恼，下一步到底从哪里来资金还债？所以有时候我对一些发行集团的出版中心非常亲切，因为他们有钱有实力，又是国有身份。身为局级干部，哪个社长愿意跟一个书商谈？简直是屈辱性的合作，坐在那里弄得心情很不好。

不过客观来说，我觉得应该从文化产业大繁荣、大发展的角度看这个问题。中国众多行业，只有新闻出版业还没有进行到民营进入体内进行改制、冲击和重组产生的局面。法律界都出现了民营的律师，其他很多行业都已经做了很多改革，新闻出版在这一块做得慢得多。

不论买卖书号是什么时候出现的，它确实引向了不可解的扣。如果买卖书号不能从法律上界定它是非法的，买卖书号和民营就必然存在，市场改革的冲击是阻挡不了的。

我前一段接触了一些民营公司，感觉到这一块市场的活跃和深度。如果民营书业不发展，中国的出版社也不会发展起来，也不会改革，还是计划经济的。

应该说，民营书业的出现是必然的，民营书业对出版改革是具有积极意义的。买卖书号的主要是一些弱的、边远省份的出版社，因为他们再生能力弱。一些地方出版社由于教材的强力支持，区域发行的控制，就不必在这些方面做文章，但是他们从原来的计划经济的垄断变成市场化的垄断。有人谈到国有资本市场化，而权益清晰的民营资本不能进入这个行业，就不能说这是一个市场化的行业。

中央定了四项基本原则，确定几条线是基准，我们能不能在民营和国有之间划几条线？这样我们也不用这么辛苦了，就实事求是地放在阳光下，合法的操作，这样民营书业发展，我们也发展。在中国的体制下，民营书业想成为引导出版业的主力是很难做到的，看看制造、化工等其他行业，不都国有独大？出版业的民营书业肯定也是弱的，这是中国的体制和资产决定的。现在就是要划几个框，让它也发展，出版社也真正进行改造和资产重组。

建议合作纳入备案监管

某出版社社长

出版环节现在是三方面的关系，第一是政府，第二是出版社，第三就是在这之外又延伸一个有出版职能的民营文化公司。

文化公司原来规定的功能本来是组稿、策划、发行，但是事实上有的从下游往上挤，有的从上游往下挤，市场规律导致他们挤进了中间的出版环节，导致了现在我们看到的一大批实实在在有完整出版社形态、有科学管理机制、有相当实力的编印发队伍、有优秀市场运作能力和良好效益的民营文化公司，他们其实就是一个个完完整整的出版社或出版集团。只有一条他们做不到，就是政府只承认国家批准的出版社，仅仅在这里不同。他们现实存在，并且十分活跃，在客观上对出版业的大发展、大繁荣也起到了积极补充作用。

我每次到西单图书大厦，在显著位置上摆的多是他们的书，有合作方就会告诉你这是哪家出版的，基本上都是有文化公司在做支撑。既然这是现实存在，如何正确引导、趋利避害，使工作室见得着光，真正在桌面上纳入到我们的共同管理？

民营公司在图书营销上下了更大的工夫。

现在的出版现实，有时候真的没办法用买卖书号加以限制。说出版社都强势？其实不是。一个社长跟一个书商坐下来讨价还价觉得很委屈，有的时候不公平不是出自于出版社压制，而是文化公司很强势，他掌握着优势权利。现在的情况，出版社也很难做，我们看到民营书业的强劲发展势头，而有些出版社却处于非常困难的状态。为什么这么难过？一定是某个环节出了问题，而我认为是政策上出了问题。

我们出版社也跟民营公司合作，实行收支两条线。我把合作出版图书的稿酬付给他，同时把合作出版的书又卖给他。出版社在操作中按业务程序一道关一道关地把，尽可能地规范。

我们曾设想跟民营公司用事业部形式合作。就是一种紧密型的合作，建立一个股权制的文化公司，可以和供稿方合作，也可以跟发行方合作，或两者兼而有之。这个事业部制的文化公司完全依附于出版社。个人觉得事业部是个比较好的合作形式，但最后没做成，主管机关对这种合作形式有疑问。现在就是松散型的合作，简单的项目合作，他有一本书或一批书需要合作，好聚好散，各有分工。

如果事业部长期合作，建议必须到政府备案，纳入政府监管，这样文化公司就可以见得阳光了。同时在责任上实行联动，新公司的责任和出版社是连在一起的，这样对文化公司的管理权也给了出版社，实现了对游离于体制之外书商的管理。经过多轮资源整合，通过强强联合或者同质联合，良性互动，还会逐渐减少散兵游勇式的小书商。有资源备案的话，民营公司就不会到处跟出版社合作，混乱状态会有所缓解。文化公司的选题一开始就通过出版社，也使问题在萌芽状态就得到了控制。否则，这些大的、有实力的民营公司就只能游离在外，有的出版社就会变成空壳。

同时还建议严格专业分工。比如你注册的是一个文艺类出版社，就不能出科技类的书。通过技术手段，在电脑申请别的专业书号时，电脑一概不认账，这叫有号没处卖。现在很多出版社什么号都敢卖。

民营书业面临更大的压力

某新华发行集团出版部经理

对于大众出版领域的民营公司来说，他们现在面临的压力是非常大的。一是材料费涨，《劳动法》要求用人规范，他们成本的压力非常大。二是他们的竞争力还来自于我们的出版社和主渠道。

出版社机制的问题有两点，一是决策机制非常缓慢，二是支付方式不够灵活。民营老总可以见面就给你甩十万，明天再谈选题。在市场化程度不高的情况下，这些是民营的优势，但这样的优势现在越来越小。一是出版社都在改制，转换经营思路；二是通过改制上市，越来越多的出版企业能融到更多的资金，这些资金不是民营公司所能比拟的。这种情况下，可能出版社迟早面临洗牌，这个过程中压力最大的恰恰是民营。

跟一些民营老总聊天，他们现在最头疼的就是发行的问题和收款的问题。他们现在陷于两难的境地，纸张要给现款——现款有时还拿不到，可是回款却遥遥无期，而且做得越大，可能死得越惨。在这种情况下，越来越多的民营书业要退出，或退守只做这个产业链里的某一个节点。

我们是发行集团的出版部，跟出版社还不一样，到目前为止还没有出版权，现在还只是做一些整合。对于民营来说，我更多是把他作为一个作者和研发机构来对待，我跟他签的是版税合同，他可以再去组织作者，我看上的东西就给加几个点。但我有一个前提，发行百分之百给我，我们不做任何分市场的事情，因为那对我们就没有什么意义了，渠道本来就是我们的主业。

这种情况下，我们感觉到民营书业会更加分化。大部分是希望逐渐退出发行环节，但是他们很难找到合适的合作者。为什么跟许多的出版社无法合作，因为出版社的发行不如他。我国发行领域一个很大的问题，就是没有一个强有力的中盘。从一个小工作室到一个大出版社，都得面对几百家全国各地的书店和发行机构。如果有一个强有力的中盘，对于民营公司可能形成一个良性循环。现在缺少这一环，民营只能发新书收旧款，有一本好书的时候，可能把以前的旧账收一点回来，有一段时间沉寂，整个渠道就坏了。现在小书店比较多，关门的找不到的每年都有，对他们的压力非常大。许多民营公司的心态，是能不能有一种机制让他们专心做产业的一端，比如就专心做好研发，而这个回报是有保证的。

还有一些民营公司做得比很多出版社都大，但总量不是太多。而且他们有一个心态，有的人挣的钱往往不是再投资、再生产。因为他们永远是灰色地带，他们不知道他们的收入是不是得到法律保证。所以从我们这个产业挣的钱投到其他产业去了，恰恰没有把这个钱拿回来扩大主业。

随着改制的进行，怎么引导社会资金进入出版领域，也是个课题。出版集团发行集团的上市大家有目共睹。其实民营也在做，他们通过私募的形式。前段一家公司还吸引了 2 000 万元投资。但是民营的出路到底在什么地方？现在我们也很苦恼，集团上市募集的资金投不出去，有的资产质量不好不能投，有一些好的民营公司能不能投？我不敢投，因为他是没有法律保障的，他的资产不是一个阳光的资产。另外出版是一个创意产业，我收购了公司，可是人走了，我买个壳有什么用？

现在这样一个出版变局的时代，思考民营是一个非常好的契机，不管是扶持还是打压都是非常好的机会。因为他们完全处于一种优胜劣汰的状态，通过资本进来购并或参股，可以扩大我们的影响力和话语权。

愿意搭建公平竞争的平台

某新华书店总经理

我一直在新华书店，跟民营打交道很长时间了，许多事都经历过。

这几年民营两极分化非常厉害，早期那种特别繁荣的景象已经没有了，大批做大书的、抄袭的基本上都淘汰了。还有一些挣不了钱的在考虑转型。当然还有一批做得非常好、有志于出版的，在考虑到底下一步怎么走。

教辅领域是一个特例，现在教辅基本都是民营渠道在发，新华书店的教辅书是拾遗补缺。我这里单说说一般书的情况。

民营公司跟出版社合作，书号全部掌握在出版社手里，出版社会提出主渠道归出版社，二渠道归民营。这几年民营书店不好过，零售书店关了很多。新华书店一整顿，统一进货，许多发行渠道也给民营公司断了，我们的民营供货商也从900多家减到现在的不足200家。

一般来说，出版社发主渠道，民营发二渠道，但也有民营公司直接给我们供货。原来繁荣的时候民营供货的图书占总销售的约30%，现在调整后跌到不到10%。一是有些人不能供货了，二是教辅书全部外流了，三是确实有很多民营公司不干了。另外，在新华书店的畅销书排行榜上，民营直接供货的占到20%左右，这里不包括民营公司策划但由出版社供货的图书。

在这种情况下，你承认它也好，不承认它也好，民营公司都是社会主义市场经济不可避免的产物。而且现在留下来的确确实实是有志于出版业、非常优秀的出版精英，比原来已经跨越好几个台阶了，也都是比较正经规范的民营公司，他们的选题也都是很积极的。

没有民营参与，国有出版社不受冲击，出版业就不会发展好。如果出版社不真正进入市场，真正在市场中立足做大，即使成功出版一两本书，也不可能真正把这行业做好。我也是国企出来的，很多国企的弊病是一样的。

无论怎么变化，图书仍然是人们学习的重要媒介。

民营的选题非常迅速，非常直接，他说好卖就是好卖。不只是好卖，他的客服也非常到位，该添货马上盯着就送货，而出版社总体还是很慢。而且民营公司对回款控制也很严格，有的还提出要我们实销实结，当然我们不能开这个口子。因为在同一个体系内，现在新华书店的回款，还是优先保证出版社的。

从经济角度考虑，作为新华书店，我们也愿意把国有和民营放到一个平台上互利共赢，竞争发展。从进货折扣上来说，我们从民营公司进货，低的四几折，五零折，而出版社基本都是六零折以上。同样一本书，从出版社进货，折扣就高出一截。现在出版社跟民营合作成立了很多编辑室，对于这样的我们也在砍折扣，但是再砍还是比民营高。

从我们发行单位来说，愿意百花齐放，互相竞争。竞争越大，对我们越有好处，对读者也有好处。从促进市场繁荣，推进文化大发展的角度而言，我们想在法律容许的范围内打造一个平台，帮助民营做好，当然也帮出版社做好，这是我们的衣食父母。

分析探讨

民营与国有合作出版的风险及其突破

刘伟见

伴随着出版体制改革的深入，国有民营的出版合作越来越受到关注。虽然出现了像江苏凤凰与共和联动这样的合作示范，但在整个实践层面上，国有民营的实质性合作并没有太大改变，而是更多地按照传统的几种模式进行。笔者以为，产生于实践中的合作模式代表了过去出版从业者的认知方式和价值判断，如何在传统的模式上有所创新，如何鼓励无论国有还是民营借改革之力解放思想，进而造出一个生动活泼、繁荣有序的出版局面，是我们体制改革真正的目的之一。本文试从国有与民营合作存在的政策、资金，以及版权和人才等角度对此作一探讨。

一、政策与鼓励需要同步

我们对民营书业的认识，经历了一个长期的过程。在文化体制改革的大背景下，民营出版的社会地位与文化权利开始逐步得到提高并确认。尤其是近几年来，出版体制改革成为文化体制改革的先头部队，现实的形势需要在平等的层面上促成一个公正的出版市场，民营出版作为很重要的出版力量必然要纳入整体的出版管理体制，因为过去的事实证明，民营出版是整个出版繁荣的必要组成部分。不争的事实是，市场上居畅销书主导地位的书，绝大多数是由民营出版策划和组织出版的，在学生学习的教辅领域也是由几大民营教育出版集团总控，分属于各个出版领域里的民营出版均占有不小份额。这样一支力量对我们的出版繁荣存在什么样的影响？这个问题实际上已经超越了“应然”的层面，处在了“实然”的层面。所以，即使出版管理部门在舆论与导向上充分肯定了民营出版的市场地位和重要的文化作用，但以实际利益考量现实的民营出版仍然很谨慎。他们关心的是实际的政策层面上的有效性。

任何政策或舆论都会在实践中产生影响，而二者的不同步更使转型时期的出版增添了很多微妙的因素。近年来，可以看见的一个趋势是，因为舆论上对民营出版的肯定，在理论上呈现的逻辑推演是：大的出版社或者是原先不以书号收入作为主要来源的出版社由此可以增加书号合作的收入，因为国有出版社的国有属性以及以经济考核为主的方式使他们乐于增加一块收入而不用担更大风险，由此小的依靠书号资源的出版社经营也会更加困难。对民营出版而言，虽然获得书号不再像过去那样遮遮掩掩，但现实的合作与交费并没有改变。实际上，对民营出版来说，规模做大了，合作费用是小头，迅速扩张与发展是头等大事。对放不放开书号管理，多数民营出版人更多抱的是一种等待时机成熟的态度。对小的书商来说，日子就更不好过了。因为出版合作通道的方便增加了更多的小书商，而中国图书市场日渐品牌化、规模化，小书商在夹缝中生存艰难。

总的来说，舆论的有利鼓舞了整个民营出版的士气。但新政策出台之前，民营出版与国有的合作仍然会限定在以下几个层面：一是书号合作，缴纳一定的出版费用，出版社不介入合作图书的发行；二是书号合作，缴纳一定的出版费用，出版社介入合作图书部分发行（新华书店系统的发行）；但图书由合作方印刷，出版方以一定的折扣返购；三是书号合作，不缴纳费用，合作书各印各的，各自发行，一般也分渠道以免冲货。以上三个层次的合作取决于出版社对图书市场前景的判断，也取决于各出版社的经营现状。

根据社情不同和书的内容不同，合作费用也千差万别。同时，基于对所谓“买卖书号”的潜在担忧仍然存在，在图书印刷上也存在多种灵活的转账方式。我们看到，传统合作模式的存在，实际上是民营出版借助国有出版的书号而准入到现行出版发行体制中去。出版体制改革能不能突破这一点还有待研究，但毫无疑问的是，在目前的体制下，即使有新的合作模式的产生——比如出版社参股民营出版公司，或者两者共同注册成立公司——书号始终是出版社的独有资源。这就注定了国有民营合作政策地位的不对等。不对等的合作存在着诸多的复杂因素。由此，很多民营出版公司对合作采取观望态度也就可以理解了。

二、资金安全期待保障

在国有与民营的出版合作中，一个很重要的方面是资金的安全与效益问题。在目前的合作模式中，主要存在两个问题：一是出版社对合作单位的印刷款项的推迟支付，二是对返购图书的书款结算的拖延。前者拖延的可能性与周期不会太长，而且资金规模不会太大，在目前的合作模式中基本问题不大，而后者却是出版界普遍存在的问题。而且越是合作比较好的公司，合作的图书销售越好，这个问题越大。很多民营出版公司在出版社的返购书款上压力很大。因为出版社书销得越好，返购量越大，民营出版公司垫付的成本越多；结算周期越长，民营出版公司的现金流压力越大。

在企业经营中，现金流是生命线之一。随着出版相关产业，如纸业、印刷，以及其他设计、装订等领域经营的按期结算越来越广泛，出版社对其返购书的先添货，同时又没有约束地支付书款的做法，实际上对民营出版公司存在着利益的损害。当然，出版社与民营出版公司的合作情况具体不一，合作好的出版社，一般是按半年一结算。但出版社在合作中始终处于更为主动的地位，使返购书成为威胁民营出版公司经营的隐痛。有的民营出版公司本来市场定位很好，书卖得也不错，但出版社的积压返购书款制约了其进一步的投入和发展。

基于这个原因，出版界曾经有人提出，民营出版公司可以提供选题，由出版社来销售，款都回到出版社账上，这样可以避免买卖书号。这种方式在理论上非常好，但在实践中几乎从来就没有出现过。其根本原因，一是出版社的经营运作能力有限，二是出版社还没有达到这个诚信水平。先要解决返购书的规范合作，才有更高层次的互信。

伴随出版体制改革的推进，如果国有民营的出版合作要有更深层次的推进，资金安全与效益始终是民营出版公司最关注的问题。国有出版者严格的国家审核制度使出版社长们在资金问题上把得很紧，如果通过共建出版公司，明晰股权的方式按照公司法来操作，也许有可能解决这一问题。

三、 版权归属日渐明晰

在国有民营的出版合作中，版权问题一直是个比较模糊的问题。过去，民营出版为了获得书号，对这种国有的独占资源往往采取回避态度，或者淡化这个问题，但同时也常常暗暗通过一些方式（例如在书上印上公司或品牌的 LOGO）来凸显他们对版权的主张或品牌的诉求。

《中华人民共和国著作权法》对作者的保护，在某种程度限制了国有出版社对民营出版图书版权的控制，因为版权与图书受益存在着直接和间接的相关性。除非发生以下情况，民营出版公司才可能不得不与出版社妥协：比如图书出现政治问题或者著作权侵权等问题必须废除出版合作，同时必须清除库存；再有就是某本合作书进入了国家政府购买的范围，如“农家书屋”工程，等等。这时出版社往往会要求民营出版公司让渡版权或者是销售利益。当然也有可能出版社帮助民营出版公司准备各种文书促成好事，但这种情形极其少见，因为出版社的负责人会为此受到质疑，很多社长不愿冒这个风险。

因为书号的限制，在现实中出现的情况往往是，由民营出版公司与出版社签订两份合同，一份是图书包销的合同，一份是版权合同。版权合同的年限由双方约定。由版权隐患而产生的这种非正常版权合同，其实对民营书业树立自己的品牌非常不利。因为各出版社的书号资源有限，分布在各个出版社的同类书难以形成更为集中的品牌效应。它同时也增加了民营出版公司的协商成本。

所以，可以预见的是，伴随着出版管理体制上对例如“百佳”出版单位书号不再控制的利好政策，可以使具有一定规模的民营出版公司减少合作对象，增加合作品种。过去隐含在合作背后的更多的畅销书，将名正言顺地浮出水面，这将有利于民营在打造品牌上更集中、更精细。这样，出现“空壳化”的出版社也难以预料，因为有些具备一定规模的民营出版公司更愿意选择小社或者负担较小、管理较灵活的出版社深度合作。

四、人才竞争将趋于激烈

在过去国有民营的出版合作中，实际上已经呈现出人才的流动，但更多的是以隐性的方式表现。一般的模式有：第一种是在合作的过程中出版社的一些优秀的编辑被民营出版公司高薪聘走；第二种是民营出版公司培养出来的优秀编辑流动到人才管理比较灵活的出版社；第三种是一些较为成熟的出版社员工受民营出版公司的启发自主创业。

以上模式实际上对民营出版是不利的。民营出版培养的出版人才一般都会向往规模与实力更强的大出版社或者出版集团，因为那里的发展前景更开阔。这就是为什么进军北京、上海的外地出版社能够更多地吸纳民营出版公司人才的缘故。

但可以预见的是，随着出版体制改革的深入，出版社不再是事业单位。当越来越多的出版社员工开始在观念上转变，并在现实的利益考量上明白了只要交纳保险，实际的身份是国有还是民营已经没有太大意义的时候，也许上述的第一与第三种模式会更积极地出现。实际上，机制的改变更有利于培养更多的名编辑。传统出版社的身份优势，对一些人才来说曾经是一种虚幻的寄托，也耽误和浪费了很多的人才。一个不容忽视的现象是，编辑的社会影响力越来越小，而名编辑也越来越少，应当强调编辑的社会责任随着中国的整体发展而提高。

对实力较为强大的出版社来说，出版改革鼓励国有民营合作，会使他们吸纳更多的优秀人才。同时民营出版公司在改革中也将得到更多的人才。过去，民营出版公司的发展更多地依赖企业创始人作为首席策划；经过多年市场历练，很多民营出版公司意识到，要有更大的发展，必须有专业的策划队伍。可以想见，随着政策的开放，国有民营的出版人才的竞争将会公开化。

五、文化责任与出版担当

出版改革的目的是促进文化繁荣发展，所以无论对国有出版还是民营出版来说，其文化责任与出版担当将在新一轮的市场竞争中接受挑战。

阅读之美。

在推进出版改革，强化规模化、集团化的进程中，挺拔主业，突出内容是不容忽视的。中国出版集团总裁聂震宁对此一直较为关注，其所出版的《我们的出版文化观》，正是在强调出版产业的经济效益的同时，更多地对我们需要怎样的出版文化指引提出了自己的看法。中国出版科学研究所所长郝振省在《出版的文化理性》里，也从出版科研与出版市场的角度高扬出版文化理性。

目前的图书市场，已经出现很多的垃圾书。《人民日报》在2008年世界读书节曾经编发过一组文章，其中俞晓群先生的《大把畅销书，抑或无书可读》，已经发出无书可读的警告。《中国青年报》2009年11月的《阅读之惑，人文何用》一文也指出出版的过度实用化，实际上显现出了人文阅读的衰减。出版社在激烈的市场竞争中，出版了很多内容肤浅、原创缺失的图书，而有的民营出版公司专以跟风为主，出版了很多拼凑的书，书名很好，内容很差。所以，国有出版社转企后，由于其属性要求其社会效益仍然会作为主要方向，但竞争的严酷会不会弱化其文化责任的担当，还要在现实中检验。而民营出版公司在过去就是以追求利润为主的，虽然其中不乏很多有着文化情怀的出版公司，但怎样提升出版的文化责任和社会担当应当是我们不能忽视的问题。

应当说，无论是国有还是民营的出版公司，对我们的文化建设都作出了许多积极的贡献。但以往出版社会效益的考量比较单一，于出版社而言多是不出政治问题，于民营出版而言更是缺乏具体的衡量指标。所以，量化出版社会效益考核指标，使出版的文化责任在出版管理与经营中机制化、常态化，进而将国有民营在指标的衡量和机制的引导下成为推进文化建设的真正力量，也是我们当前需要迫切关注的问题。

国有民营书业体制比较研究

李　松

所谓体制，是指机构设置，隶属关系和权利划分等方面的具体体系和组织制度的总称。书业体制即是书业组织形式、管理制度、运营方式等的总称。

国有书业体制与民营书业体制的核心区别在于其所有制形式的差异。也正因为这一核心区别使得国有书业和民营书业在组织形式、管理制度和运营方式等多方面表现出了巨大的不同。

书业是我国国民经济的一个重要组成部分，因此，要比较我国国有书业体制与民营书业体制，就不可避免地要回顾一下我国所有制形式的变迁和改革历程，以期在此基础上解读我国书业的发展变迁历程，探寻各自存在的合理性及必要性，并进行比较研究，从而求得一些在新形势下和谐共存的启示。

一、　新中国所有制的变迁及改革历程

建国后我国的所有制变迁是一个“多元→一元→多元”的过程。所有制的改革开始于十一届三中全会以后，其过程是从“一元→多元”的过程，现实状况可以概括为“一主→多元”。

新中国成立后，我党为了解决旧的生产关系与生产力之间的矛盾，按新民主主义纲领变革了所有制。新民主主义经济主要由国有经济、合作社经济、国家资本主义经济、私人资本主义经济和个体经济五种经济成分组成，其中国营经济居于领导地位，所有制结构为多元状态。

以单一公有制为目标的所有制一元化过程，始于1952年开始的“过

渡时期”总路线核心的“一化三改”。紧接着是“合作化”、“大跃进”和“人民公社化”运动，直到后来“文化大革命”的“割资本主义尾巴”、“所有制升级”、“合并”向“一大二公”的“穷过渡”。到1978年，全国工业总产值中，全民所有制企业占77.6%，集体所有制企业占22.4%，其他经济成分基本为零，单一的公有制结构形成。伴随这一过程，国民经济也到了崩溃的边缘。也正是所有制从“多元→一元”过程中积累形成的理论、实践及意识形态后果，构成了我国所有制改革的初始条件。这一条件决定了我国的所有制改革不能一蹴而就，而且只能朝多元化方向发展。

回顾我国所有制改革历程，可以清楚地发现，所有制改革是一个结构多元化和形式多样化的过程，这一过程基本经历了以下三个阶段的突破：

（一）“主导——补充”阶段的突破

这一阶段从时间上看，是从党的十一届三中全会到党的十三大召开。1981年，党的十一届四中全会《关于建国以来党的若干历史问题的决议》第一次明确提出：“国营经济和集体经济是我国的基本经济形式，一定范围的劳动者个体经济是公有制经济的必要补充。”1987年，党的十三大报告指出：“我们已经进行的改革，包括以公有制为主体发展多种所有制经济，以至允许私营经济的存在和发展”，首次把私营经济当做社会主义经济补充，提出社会主义初级阶段应该以公有制为主体，积极发展多种经济成分的方针，标志着这阶段突破的完成，新一阶段突破的开始。

（二）“主体——补充”阶段的突破

这一阶段从时间上看，是从党的十四大到1997年党的十五大召开。

1992年，党的十四大提出“在所有制结构上，以公有制包括全民所有制和集体所有制经济为主体，个体经济、私营经济、外资经济为补充，多种经济成分长期共同发展，不同经济成分还可以自愿实行多种形式的联合经营”。1993年，党的十四届三中全会通过《中共中央关于建立社会主义市场经济体制的若干决定》，对公有制经济的主体地位和建立新的混合经济作了进一步阐述与规范，指出：“随着产权的流动和重组，财产混合所有的经济单位越来越多，将会形成新的财产所有结构，就全国来说，公有制应在国民经济中占主体地位。”

（三）“主体——多元”阶段的突破

这一阶段从时间上看，是党的十五大以来直至今后相当长一段时间。

党的十五大提出：“公有制为主体，多种所有制共同发展，是我国社会主义初级阶段的一项基本经济制度。”这一阶段的所有制改革，不仅具有明确的理论指导和明确的目标，而且以公有经济改制和非国有经济、特别是民营经济迅速发展为特征，极大地推动了社会主义市场经济体制改革的深化。所有制改革实践“抓大放小”中“放小”的成功，再一次冲破传统观念的束缚，成为矫正理论逻辑结论和政策的实证依据。而“抓大”中的以推行国有企业公司法人治理结构为核心的现代企业制度建设，遇到的根本矛盾又集中到“所有制”的焦点上。

当然，这三阶段突破的巨大成就，表现为发展了一个以市场为导向的“非国有经济”，包括外资经济、合资经济、私营经济、个体经济、股份经济、合作经济和各种集体经济。非国有经济的实际比重已经达到70%～80%左右。这意味着我国所有制发生了根本的变化，经济体制的市场化程度显著提高。

所有制改革的目标，实质上就是所有制优化，是用一种高效率的所有权制度安排代替另外一种所有权制度安排。它和所有制度变迁一样，也是有成本的。成本来自观念的冲突，所有权的界定、调整、保护的费用，和所有权制度变迁中利益调整遇到的抵制和矛盾等等。因此，成功的所有制改革，不仅要体现在追求所有制变迁的目标中，从所有权制度的替代中获得效益，还应该体现在选择成本最低的改革路径上。我国改革过程中创造的“双轨制”，就是一种低成本的路径选择。

在一个国家的政体内，两种效率不同的制度安排必然要发生竞争，其结果自然是资源流向高效率制度安排的领域，最终导致低效率制度被替代。因此，所有制改革不仅是一个最终目标设定的问题，还是一个通向这一目标的制度变迁成本最低的路径选择问题，充满了理论、智慧和艺术。自然深化的“双轨制”，是一种由诱致性制度变迁开始，再到强制性制度变迁推动的过程。在“双轨制”过程中，低公有化程度经济总要受到来自自命“正统”的高公有化程度经济的种种排斥、抵制。这有意识形态上的原因，也有“正统”经济出于自身困难，对“非正统”经济在发展初期“不规范”的不满与“暴发”的嫉妒。但“非正统”经济总能以高效率的优势顽强地发展，并通过最终取得不可替代的成就而获得理论和政策的支持，观念的束缚不得不因此突破。

应该注意的是，在“抓大放小”中，总是从“小而困、小而差”无利可图的“劣质”国有企业开始的。“抓小放大”，“先劣后优”，所有制改革表现出强烈的“扶贫救困”、“助劣为优”的功能，这其中隐含着所有制改革的趋势和终极目标，这也是我国书业体制改革的经济背景和核心理论基础。

二、 建国后我国书业体制的发展历程

建国前，我国出版业以民营经济为主。建国初期，我国借鉴前苏联的出版政策，对私营出版业、发行业、印刷业进行社会主义改造。1966 年以后，出版社完全变成了国有经济，实际成为事业单位，实行事业管理，缺少经营机制。

文革期间，编辑队伍解散下放，很多出版社停办，正常出版陷于停顿。“文革”后，快速恢复与发展出版业成了当务之急，出版业先后进行了一系列的改革。改革的总体思路，是模仿经济体制改革经验，推行社长负责制和承包经营责任制等，解决统得过死和吃大锅饭等体制弊端。

1978 年 12 月十一届三中全会，标志着我国进入了以经济建设为中心的新阶段。

1980 年底，国家版权局发出通知，允许民营正式进入图书零售领域，以拓宽出版社的发行渠道，方便读者购书，民营书店从此获得飞速发展。

1983 年，经文化部出版局批准，出版社定性为“事业单位，实行企业管理”，出版社由单纯的生产型逐步转变为生产经营型，开始面向市场寻求生存。在出版社内部，管理制度也由党委负责制转变为社长负责制。

1984 年，一些科研单位与出版社合作协作出版，得到文化部肯定。协

作出版本来是想利用社会资金多书好书，但协作内容超过了原先预想的范围，大量民营书商开始涌现。1993年，新闻出版署做出暂停协作出版的规定，但是协作出版业务始终没有停止。它的一个重要的结果，就是培养了一大批“书商”。到90年代，文化公司大量涌现，形成了一支庞大的民营书业力量。

1992年，邓小平同志南方谈话和党的十四大，确立了社会主义市场经济体制的改革目标。新闻出版业开始逐步建立适应社会主义市场经济体制的出版体制。一些出版社开始借鉴企业单位实行的“三项制度改革”，改革劳动用工、干部人事、分配制度，在一定程度上冲破了原来出版体制的一些陈规陋习，调动了员工的积极性，但并没有从根本上解决问题。

2003年9月，新的《出版物市场管理规定》正式生效。最大突破在于对出版物发行单位市场准入的放开：取消了包括图书批发特别是总发行的所有制限制、上级主管单位的限制和行政法规及新闻出版部门规定的其他条件限制。

2009年4月，国家新闻出版总署印发《关于进一步推进新闻出版体制改革的指导意见》，提出“推动经营性新闻出版单位转制，重塑市场主体”，除明确为公益性的图书、音像制品和电子出版物出版单位外，所有地方和高等院校经营性图书、音像制品和电子出版物出版单位2009年底前完成转制，所有中央各部门各单位经营性图书、音像制品和电子出版物出版单位2010年底前完成转制。同时，“引导非公有出版工作室健康发展，发展新兴出版生产力”，将非公有出版工作室作为新闻出版产业的重要组成部分，积极探索非公有出版工作室参与出版的通道问题。

三、国有书业与民营书业的体制比较

在进行比较之前，先说明一下，因本书主要是关于出版产业链上游（策划、编辑、出版等）的内容，为协调起见，对于国有书业与民营书业的其他环节之比较就此略去。

国有书业与民营书业体制的不同，主要体现在管理体制、经营体制和人事分配体制三大方面。

（一）管理体制比较

国有出版单位的先天优势，一是来自于“审批制”的垄断出版资源，另一个则是单一所有制之下积累起来的品牌优势、品种优势、资源优势和市场优势等，这是民营经济体所无法比拟的。但与此同时，困扰着我国国有出版社发展的根源，也正是我们最引以为豪的“国有”身份：出资者单一，而且很多时候这个出资人处于一个“虚拟”状态。对于管理团队而言，经营资产是国有的，职位却是被任命的（即也是不固定的），缺少能够代表出资人的监管力量，也缺少相应的激励机制；对于员工而言，在“主人”不到位的前提下，则意味着自己就是“主人翁”，企业就是大锅饭。由于所有者的缺位带来的管理者压力不够，或者说责、权、利不明晰，在劳动、人事、分配上缺少自主权，大多数出版社处于一种十分尴尬的局面，人浮于事，劳动效率低下，矛盾重重，行为短视。即使一些已经改制“完成”的出版单位，因为出资人仍是原国有上级单位或上级单位的受托代理人，使得其事业单位企业化经营的痕迹仍然十分明显。因此我们看到，也只有一小部分真正利用好了先天优势，并积极创新体制机制的出版社能够利用先机，成为行业的翘楚，如机工社、化工社、外研社等。

而民营的图书公司，由于没有先天的资源优势和合法的出版权，其竞争准入门槛就高了很多，而且直到今天他们仍旧担负着巨大的法律风险。然而，也许正是生存的困境才能铸就他们顽强的生存能力，尤其是上了规模的将经营权和所有权分离开了的民营公司，从一开始在体制上就克服了国有出版单位的弊端。他们产权十分明晰，要么是独资，所有者要实现利润的最大化，要实现自我的价值，原动力可想而知；要么是合资，合伙人之间共同成立公司，或者是由民营资本与法人单位合作，优势互补。公司在公司法的约束下，在共同利益的支配下，在董事会、监事会的制约下，既赋予经理人一定的经营自主权和收益权，又必须得到全体股东的认可，公司健康发展的概率就提高了。他们已经从过往散、乱、差的个体经营状况中脱胎换骨了，如时代华语、湖南天舟、新东方大愚、盛大文学等，尤其是借助了科技和资本力量的民营公司，甚至已经在与国有出版单位的合作中取得了谈判的主导权。

世纪天鸿总经理办公室激励自己的标语。

（二）经营体制比较

企业经营体制比较是国有与民营书业体制比较的核心，因为这一内容最能说明两种不同所有制形式存在的理由、合理性及优劣势。具体而言，经营体制也就是企业的整体运营机制，具体划分为以下几个部分。

1. **产权机制**

产权是所有权、占有权、使用权、支配权等一系列权利的集合。产权的存在形式，总是通过一定制度规则来确定，从而形成了产权制度。在产权制度的内部结构中所形成的企业各利益主体之间，责、权、利相互依赖、相互制约的机制称为产权机制。

国有出版社的所有权是国家，经营层拥有经营权，尽管产权的取得不需要个人甚至企业的投入，却因为不参与企业资产的收益分配而容易动力不足。尽管有国有资产保值增值的任务，实际上完不成任务也就是换个岗位继续干而已。而民营书业的所有者，在企业发展的整个过程中都会对企业的经营管理负责任，说到底，赚的是自己的，赔的还是自己的，因此，即使是雇用经营层来进行日常运营，董事会还是会对企业的整体运行实质性地参与和负责。当然，民营书业取得产权的成本相对就高很多了，如土地、书号资源等。也正因为产权机制的不同，形成了市场中两类主体不同的竞争形势，也注定了两种所有制的主体有着极强的互补性。

2. 决策机制

决策是决定资源如何合理配置的过程。企业决策机制是一个系统工程，涉及决策体制、决策主体、决策方法等多方面因素，反映了企业的决策权限是如何划分与配置的，被分散的决策权在运用中是如何相互联系以及如何统一于企业的多元化目标的。

这就很清晰了：民营图书公司的决策依据是出资，资本占比较大的就有较大的决策权。这是比较合理的现代公司治理结构，其决策也就能更好地服务于经营。而国有出版社的决策，是由只有经营权的经营层代替国家行使，而决策过程又受旧的行政体系的种种束缚，决策方法多样但效率较低。这也就是为什么从市场行为的反应来看，民营决策效率往往高于国有的原因。然而，民营由于是资本决定决策权，若资本的结构发生变化，或企业的经营状况发生变化，都会导致决策方式、决策结果和经营方向的巨大调整。而国有出版单位因为有行政决策的属性和国有单一出资方式的稳定性，就决定了其经营主业和经营方向的相对稳定。同样，从市场行为的表现来看，民营虽然决策效率高，但也更不稳定。

3. 竞争机制

在市场经济运行和价值规律发生作用的过程中，经济主体之间对经济利益和有利投资领域的争夺即为竞争，这是市场经济中最显著的特征。竞争的作用，从微观上讲，能够最大限度地调动劳动者的创造性和主动性，激发经济主体生产经营活动的生机和活力，从根本上提高企业经济效益；从宏观上讲，能够优化配置社会资源，使有限资源流向效益相对更好的领域，提高社会资源的效能。因此，企业应该建立竞争机制，确保企业在竞争中立于不败之地。国有出版社的领导由于要通过法定的程序来任命、晋升或免职，也需要通过经济指标和人事考核来决定去留，往往在市场竞争中就顾虑重重，难以施展；而民营书业的股东往往是一股独大，或是企业的主要股东根本不需要行政机关或企业员工来考评，其市场反应速度和效率就高了很多，这就使得民营书业在获取信息、占有稿源、维护优质作者、灵活使用各种经济竞争手段等方面占有了相对的优势。

4. **动力机制**

动力机制由激励机制和约束机制两个部分组成。动力机制处于企业运行机制的核心，对调动经营者和员工的生产经营积极性起着关键性作用。

一方面，政府对国有企业与民营企业的激励与约束呈现出完全不同的特征。对国有出版社，政府始终掌握着它的最终所有权，政府与出版社之间存在着千丝万缕的行政联系，它受到了来自多维的行政约束。而且政府的多元目标要求也体现在国有出版社的目标中，使国有出版单位承担了本不应由经营主体承担的社会成本，成了制约其经济效益提高的原因之一。而在激励方面，政府通过出台各种方针政策，指引和掌控着国有企业的每一步改革。国有出版单位的激励机制中，精神鼓励占了相当大的比重。与国有企业不同，民营企业与政府关系简单，其在没有政府任何直接控制的背景下，随着市场经济的开放，法律法规的健全而产生、发展和壮大。政府只能通过法律、法规和政策对其进行约束，而不存在像国有企业那样，靠企业外部组织机构来激励和约束企业主要负责人的情形。

另一方面，国有书业和民营书业与市场之间的动力机制存在明显的差异。市场对企业的动力机制主要体现在公平竞争、等价交换、降低生产成本、提高生产率和价格等方面。但由于国有书业与民营书业产权机制的差异，使得在同样的市场上，两者出现可能不同的动力效应。可以说，国有书业面临的是一个尚未形成或很不成熟的要素市场，对自身拥有的生产因素（如土地等，很多是通过划拨取得）没有处置权，对企业需求的主要经理人不能按市场法则取舍。这方面民营书业比国有书业发展得更好一些。民营企业面临的是一个竞争相对充分的要素市场，其对要素的获取、处置和安排都受到市场规律的激励和约束。当然，民营书业取得这些生产要素的成本往往就高得多了。

5. **风险机制**

在市场经济条件下，由于“不确定性”和“复杂性”的存在，任何一个经济主体都面临着盈利、亏损、甚至破产的可能性，都必须承担相应的利益风险。

国有书业的主要风险表现为：产权不明晰带来的经营风险，如国有出版社不能大胆对外投融资等；企业领导的任免机制带来的团队稳定风险，如很多中央部委下属的出版社之所以发展不好，主要原因就是领导跟走马灯般的频繁更换，使得业务没有延续性；国有资产的授权代理关系带来的效率风险，国有出版社的领导是以授权代理的方式经营出版社，由此形成了层层监管和层层审批的制度，这必然降低运营效率；承担的社会责任和行政责任带来的成本风险，考核出版社业绩的指标并不是单一的经济业绩指标，而非经济的考核指标就直接增加了出版运营的整体成本。而民营书业的主要风险表现为：生产要素获取的成本风险和法律风险，民营书业没有划拨取得的土地或楼房，没有书号资源，也享受不了教材出版退税、行政专项资金扶持等政策优惠，经营成本相对较高，而且因为介入出版的行为永远摆脱不了买卖书号的阴影，也就为企业的运营永远背负上了法律的风险；激励约束机制单一带来的团队稳定风险，物质激励固然能直接刺激员工的主观能动性，但也会因为来自企业外部的物质刺激导致员工或经营层的流失；决策约束机制单一带来的决策风险，大股东是企业的决策者，没有相应的约束和监督机制，犯决策错误的可能性就很大；与政府信息不对称带来的运营成本风险，例如，国家“一费制”和“学生减负”的政策出台后，最先受致命打击的就是那一批早期从事中小学教辅出版发行的民营书商。

（三）人事分配体制比较

出版社的负责人都有相应的行政级别，如厅（局）级、县（处）级，个别的还是省（部）级。这些干部的选拔与任命，基本上参照公务员的选拔程序。这些同志有些是在出版单位成长起来的，比较熟悉业务，但相对缺少管理经验和市场经验；还有一部分是从党政机关派下来的，熟悉业务往往需要一个过程。在民营图书公司中，经理人一部分是在市场中摸爬滚打出来的，一部分是过去从国有单位“突围”出来的。

在国有出版单位中，除了经理人选之外，副职的选拔也是由上级来决定的，这就从制度上造成副职只对上级负责，而不需要完全对主要负责人负责。这些副职如果不全心全意地投入工作，主要负责人一般情况下没有办法撤换，而只能和副职搞好关系，否则上级会认为他搞不好班子团结。

而在民营图书公司里，无论是个人资本还是合资公司，总经理绝不会挑选一个与自己配合不好的副职，也不会为照顾副职的情绪而影响工作。在国有企业中，副职的选拔着重考虑资历、年龄，综合各方面的因素，但在非国有的出版企业中，这些因素会放在比较次要的地位，副职是否有能力是最关键的。

星火教育公司正进行员工竞聘上岗。

在国有出版单位，特别是成立时间比较长的出版社，离退休职工多，辅助部门员工与业务部门员工比例不协调，干部年龄老化，出版社因此缺少竞争活力。为了改变这一局面，出版系统曾经强力推行过“三项制度改革”，在劳动人事、分配制度、干部任用上，实行“人员能进能出，收入能多能少，干部能上能下”，但在推行中阻力很大。在民营公司或者股份制公司中，这种困扰经理人的事情基本不存在。他们有条件用很简单的方法来处理被国有企业认为是十分复杂的干部人事与分配问题。机构可以设立也可以撤并，干部可以上也可以下，员工的流动相对比较宽松。

在分配方面，国有出版单位的激励约束机制比较多元，比较重视精神激励。这一方面体现为报酬与劳动不直接成正比，物质激励的力度不足；

另一方面也因为有了政治上、荣誉上和社会价值上的认可，反而会因为满足了更高层次的需求而促进团队的稳定。民营书业往往得直接将收入与业绩挂钩，这样直接的物质激励力度的确非常大，但也因为单一的物质激励方式，某种程度上降低了企业主要经营者和员工的忠诚度，他们随时会因为收入原因跳槽或离职。可喜的是，我们已经看到了激励分配方式的变革，在国有出版社中也出现了绩效奖金、年薪制、期权、员工和管理层持股等长效物质激励机制；在民营书业中也开始进行职业经理人评比、信用等级等。尤其是在出版社纷纷体制机制创新的过程中，相互参与和相互融合程度越来越高，激励约束机制日臻完善了。

（四）国有书业与民营书业体制比较的启发

国有书业和民营书业因各自所有制形式的差异，已经在上述多个方面呈现出了不同的优势和不足，这也证明了国有书业和民营书业在我国市场经济和文化体制改革的大背景下有着极好的合作机遇。九久读书人文化有限公司、机械工业出版社的华章文化有限公司、长江新世纪文化有限公司、海豚传媒文化有限公司等，都属于国有资本与民营资本成功合作的典型代表。

通过上文的比较，至少我们可以得出一些启示如下：

第一，国有资本“部分民营化”是增加国有出版社活力，提高运营效率的有效方式。尽管“民营化”一词是1979年英国撒切尔政府推行国有企业非国有化之后才逐渐广为流行，但第一次大规模民营化可以追溯到1961年。当时的联邦德国政府曾于1961年及1965年两次出售大众汽车的国有股权，并使股东人数由50万人增加至300万人。上世纪80年代转型经济国家为实现从计划经济向市场经济的转轨，也大规模推行了民营化政策。股票发行、证券交换、发行新股、协议转让和员工认购股份五种形式是被采用得比较多的民营化形式。出版社也可以充分借鉴，如：引入民营资本或公开募集资金改善产权结构、推行核心管理层持股稳定运营团队并吸引优秀人才、拿出部分与内容产业不直接相关的业态（如印刷、物流等）与第三方进行资本合作并在保证专业化运营的同时实现有效的监控等。

第二，收益预期和制度保障是国有书业和民营书业深入合作的结合点，合理测算和精心设计，一定能找出适合各自特色的合作之路。民营书业的人才优势、作者资源、书稿储备、运营方式及效率等是国有书业企羡的，而国有书业的平台资源、政策资源、社会公信力等又是民营书业难以企及的。任何项目的合作都是双方相互认可和相互妥协的结果，要真正做到优势互补，一定是资本上的整合，也即是所有制形式的创新，通俗地讲，就是变成一家人。相信只要收益总额高于单打独斗，而且能提供相应的制度保障，民营书业的优质资源就会源源不断地向国有书业靠拢，国有书业也能因此迅速提升市场竞争能力。

第三，全媒体、资本经营、复合业态经营时代已经来临，国有书业与民营书业合作的领域更加广阔。从现在的市场情况看，在新技术、融资手段和复合业态经营方面，民营资本非常活跃。无论国有书业或民营书业，都要密切关注新技术的发展、新融资手段的创新和业态价值的有效转换。书业是内容产业，传统书业是将高端的内容资源转化成“参照印张定价”的低端纸质商品销售利润，营利能力极弱。而资本市场、新技术领域、教育培训业、商业零售业甚至房地产业等，却因有效借助了智慧高度集约的内容产品而创造了强大的商业价值。因此可以说：我国国有书业和民营书业的优势互补和“双轨合一”才刚刚开始，文化产业的繁荣还大有文章可做！

出版体制改革与民营书业发展

——寻求中国民营书业发展的杠杆解

张守礼

核心观点：民营书业的发展需要空间——现有制度不能提供的空间；民营书业的发展需要企业家创新——颠覆现有书业模式的创新。制度变革是民营书业，也是整个出版产业发展的“杠杆解”。制度变革应以“逐步、有条件地开放民营出版，使民营出版成为真正的市场主体，建立出版市场经济基本制度”为目标，方能有效地激活产业，实现整个出版产业（不仅仅是民营书业）的大发展、大繁荣。而在现有体制下，民营书业的发展则主要依赖于企业家创新——最有价值的创新将发生在和技术（资本）结合的领域的创新，融合内容、产品形态、运营模式的全价值链创新。

一、基本市场制度短缺下民营书业的“发展”与“落后”

改革开放30年来，民营出版工作室得到长足的发展，成为中国出版产业不可忽视的力量。无论是出版规模、出版品种，还是策划的畅销书，民营出版策划业已经占据了中国出版业的半壁江山。近些年来，民营出版策划机构开始分化，已经形成了一批规模较大、实力较强，有较完善的组织结构的民营公司。据业界人士估计，民营出版策划公司应在3 000家左右。

2008年全国出版新书22万余种，民营公司策划出版图书品种约8万左右，占全国出版品种的33%。根据《出版商务周报》2009年开卷全国畅销书排行榜数据，在虚构类图书和非虚构类图书的前15名中，有约70%的产品是民营出版公司策划的。

在销售规模上，根据中国出版科学研究所的调查：教辅类图书销售码洋超过10亿元的有五六家。仅在北京，年销售码洋超过1亿就超过50家。

在管理规范化上，一些民营出版公司建立了现代股份制结构和公司治理结构，管理规范、发展战略清晰，开始向大型现代化出版企业迈进。这些公司聚集了一批包括海归在内的高层次的文化人才，创立了一些知名的策划机构品牌，如社科文艺出版领域的时代新经典、共和联动、弘文馆、博集天卷、磨铁、紫图，教辅领域的志鸿、金星、星火、世纪金榜，儿童图书领域的海豚、同源等。

说民营书业撑起出版业的半边天并不为过。

在业务形态上，民营出版策划机构开始全程参与到出版各个环节，包括选题策划、编辑、印刷和发行。名为"文化公司"、"图书发行公司"，实际上从事的是出版投资业务，独立承担投资风险。他们采取多种方式与出版社进行合作，获得书号。

在发行渠道上，改变原有局限于民营二渠道发行的销售格局，开始进入新华书店和网络书店，市场格局更加完整。

——在国际化上，民营出版公司开始迈进国际舞台。一些优秀的民营公司不但引进了大量国外畅销书，而且将许多优秀版权输出到世界各国。2008 年，中国民营书业以独立出版人身份参访法兰克福国际书展，在展会上举办了首场演讲，向全世界宣告中国民营出版人的到来。

作为市场经济的产物，民营出版工作室有着产权清晰、机制灵活、运作高效、市场敏感、积极进取等特点，具有较强的创新能力，与国有出版集团形成不同的竞争优势，形成一种"鲶鱼效应"，对国有出版机构改革亦起到很大的促进作用。

30 年来，民营书业虽然得到了一定的发展，也得到了政府的肯定；但总体而言，民营书业整体上仍处于相当落后的状态——与国民收入的增长，与文化消费人口的增长相比，民营书业——扩大至整个出版产业——远远没有实现其应有的辉煌。据中国社会科学院《文化发展蓝皮书》研究，与同等发展水平的国家相比，我国文化产业只释放了 1/4 能量。其落后不是缺乏企业家创新——如果那样我们就很难理解即使在现在的制度环境下，民营书业仍能取得如上的成绩；民营书业落后的总体根源是制度，民营仍然不是合法的、健全的市场主体，而是被迫的"寄生和依附"，制度短缺的天花板使得民营书业很难获得资本，也很难跨界和新技术变革结合，制约了民营书业的总体规模和生态。

民营书业的困境实际上也是整个产业的困境——不论是国有和民营，都面临制度的天花板。历史经验证明，任何产业，只有建立并完善相关领域的基本市场经济制度，才能使得产业内的企业和资本千帆竞发，在市场竞争的基础上完成较好的资源有效配置和产业总量跃升，民营书业的发展需要制度空间——现有制度不能提供的空间。

时代的发展也对制度变革提出了新的要求。我们所处的时代，信息革命对于传媒、出版的影响是颠覆性的。互联网的崛起使得人们的阅读方式和内容的生产、传播都形成了全新的局面。传统出版产业正面临千年未有之变局。而三种"三"趋势，正加速度地展开：第一，三网合一的趋势：电信网、广播电视网和计算机通信网的相互渗透、互相兼容、并逐步整合成为统一的内容传播网络；第二，中国的"3G"时代到来，宽带互联网和手机终端的结合将进一步促进传统出版资源向互联网的转移；第三，谷歌图书项目和亚马逊的 KINDLE 热卖，昭示着"电子纸"、"数字化"、"互联网”三大元素的融合将使得出版大步迈入“后蔡伦（纸媒）”时代。

反观中国出版产业，“行政分割控制”与“媒体技术悬空”是不容回避的现状，中国毕竟已经深深地卷入了全球化和信息技术浪潮，出版体制改革必须有清晰的目标和超前性，大力扭转制度创新长期落后于技术创新的被动局面。

二、现阶段出版体制改革模式选择

从2008年开始，新闻出版总署领导在不同场合，对民营出版工作室给予了肯定。2009年4月颁布的《关于进一步推进新闻出版体制改革的指导意见》更是明确了非国有出版工作室作为“新兴出版生产力”的地位，将“非公有出版工作室”定位为“新闻出版产业的重要组成部分”，对民营出版工作室在满足人民群众精神文化需求、促进出版生产力发展方面发挥的积极作用，给予了充分的肯定。并且提出要“在特定的出版资源配置平台上，为非公有出版工作室在图书策划、组稿、编辑等方面提供服务”。

此文一出，业界兴奋异常。的确，这一从“默认到承认”虽然只是一种说法上的变化，但对民营书业的认可是历史性的，使得民营出版工作室告别“潜伏”，得以浮出水面。但兴奋之余，如何落实参与，这一政策对民营书业的发展到底有何价值，值得业界人士反思。

这一轮出版体制改革对民营出版的核心在于：一是承认，二是促进参与。如何使民营企业能够参与到出版中，根据制度创新的力度，目前可以分为三种模式。

第一种是维持目前的制度框架，以优化出版产业某些环节，使得民营工作室以新的身份参与到产业链中为主要目标，典型的如落实出版经纪人制。

金星国际教育集团挂牌中国出版科研所民营书业研究基地。

第二种是基本制度框架不变，

维持国有出版社主导的格局，但是鼓励、促进国有民营开展多层次、多模式的合作。

第三种是制度框架创新，分批次、有条件在特定的平台上开展民营出版试点。这一环节可以发挥地方政府的积极性。

以上三种模式并不互相冲突，可以兼容并包，但对于制度创新要求的力度不同，因此其成果也会有显著不同。从目前改革议程来看，第二种模式是政府力推的主导模式，在这种模式下，民营和国有如何扩大合作则是焦点问题，非国有书业工作委员会在《出版体制改革与民营书业发展政策建议书》中提出了很多具体的方式和建议。

（一）鼓励发行企业以租型方式进入上游出版环节

建议对一些有特殊渠道的大型的民营发行公司给予租型权，以合法的身份，利用自身的渠道优势，进入上游的出版领域。取得租型权后的民营公司将获得部分印制权，在税收上能够实现抵扣，避免体内循环，整体上降低民营的交易成本。对于希望能够快速发展的民营公司，获得法律上的认可。能够照章纳税，让企业阳光化。

（二）支持非国有出版工作室全程参与出版各个环节

非国有出版工作室早就突破了内容提供和图书发行的限制，全程参与到出版各个环节，希望相关政策予以认可。对于一些规模大、实力强、导向正确的民营文化工作室积极支持、正确引导，在保证终审权的前提下，放开总发、印刷权的限制。在具体方式上可参考广电部门的“制播分离”的方式，保证合作国有出版社对于内容终审权的控制。

对于全程参与出版环节的非国有出版工作室，应该给予署名权，可借鉴音像产品的“出版”和“出品”分离的方式。非国有出版工作室以出品人的方式出现在封面和版权页上，树立非国有出版工作室的品牌。对于国有与民营合作良好的出版社，可采取定向增发的方式，配给书号，整体降低书号成本。

（三）资本层面

鼓励国有民营进行资本层面的项目合作。整合双方各自的优势资源，共同投资，共同操作，实现双赢和多赢。民营国有是平等的市场主体，通过法律合同，约定彼此的责任和利益关系。对于共同投资的项目，应该享受相同的政策优惠。项目合作可采取单一项目合作，也可以采取项目事业部方式，将非国有出版工作室先进的管理体制、市场策划能力引入到出版社，以发挥其才智，最大限度地为出版社所用。

鼓励国有和民营共同投资公司。鼓励民营与出版社共同投资策划公司和发行公司。共同投资的公司不设股权比例的限制，并且享受与国有出版相同的政策优惠。

鼓励非国有出版工作室参与到国有出版社的转企改制。《指导意见》的一个重要内容是推动经营性新闻出版单位转制，重塑市场主体。要求所有地方和高等院校出版社必须在2009年底前完成转制，所有中央部委社在2010年底前完成转制。要求加快产权制度改革，完善法人治理结构，建立现代企业制度，尽快成为真正的市场主体。应该鼓励民营工作室以投资、参股、控股、兼并、收购、承包、租赁、托管等形式，参与国有出版单位的转制改企，可以选择几个出版社作为试点，开放股权，允许民营以股东身份参与出版的经营管理，从国有出版社的组织创新中寻求合作空间，共同发展。对于民营参与改制的企业在资产处置、收入分配、人员安排、社会保障、财税政策等方面，按照国有出版社改制的相应政策执行。

鼓励国有对民营的并购。鼓励国有和民营进行重组和并购。并购过程中，由企业自主选择，政府不要微观干预。尽快出台关于并购的指导意见，消除并购过程的种种疑虑。对于并购企业，享受与国有出版社同等的政策优惠。

以上种种，在维持国有主导，扩大民营参与上都是一些不错的思路和选择，但从出版业长远发展的角度和实际推进案例来看，效果则未必好。原因在于这种模式有着先天的缺陷和无法克服的内在矛盾。

第一，在民营没有真正的主体地位的情况下，任何合作都是很难平等的，不对等的“婚姻”，是不会幸福也不会持久的，多半会是“一场游戏一场梦”。

第二，只抓大（以做大、做强国有出版社为主旋律），不放小（开放民营）的模式难以建立一个良好的产业生态系统。更容易导致行政主导的“物理打捆式”重组，结果是只大不强和资源错配。

规模化和集约化是现代出版业的发展方向，中国出版产业集中度低也是事实，但出版创意产业的特点使得国有资本在这一领域的配置很难达到最优，竞争力不强，在世界各国，出版产业都是民营化比例较高的行业，最有活力的大众出版领域更是以多样性的小企业为主，这正是出版产业的魅力所在。纵向整合的全价值链的大型出版产业集团的模式是否可持续发展？是否符合出版业发展一般规律？值得业界深思。没有民营企业的介入，出版集团的并购重组、扩张均缺乏对象和基础。只有放大池塘的容量，形成开放共荣的“生态系统”，其食物链才能支持养出真正的“大鱼”。在政策温室中形成的大企业不可能做强。

我们有理由担心，这种模式主导的制度变革，事实和预期可能相反——这并不是民营书业和出版产业的福音，反而意味着新一轮的“国进民退”，民营书业可能会进一步边缘化也不是危言耸听。

出版制度改革应定位于市场化的基本市场制度建设，目前如何将长期存在并在产业中起到很大作用的民营出版策划机构的生产力充分激活，形成市场竞争机制，是做大产业总量的关键。

分品类、分批次、有条件地向民营企业开放出版试点，应是最具“杠杆率”效应的改革选择。这样既可解决图书市场上游双轨制与只抓大不做小的矛盾，也有利于进一步放开国有出版社和民营书业的出版合作限制，促进相互的兼并重组。

而在出版试点风险控制上，则可以选择分批次有条件的方式，同时配套建立一种新的内容审查管理制度。这虽涉及政府治理模式的转型，但操作性、把握性很强。

对于中国开放民营出版试点，其难度主要不在于国有利益集团的抵制，而是固有的“民营”和“市场”恐惧症，这需要建立改革新思维和推动政府指导变革来祛除。

山东梁山民营书业产业园规划图。

出版产业因为涉及到内容的"政治正确"和文化安全问题，具有一定的意识形态敏感性，这是不容回避的。事实上，一定程度的管制在任何国家都是必需的，区别只在于管制的程度和方式不同。但在中国当下的语境里也很容易形成另外一种固化的思维误区，认为现代出版产业体制和西方民主制度是不可切割的，认为出版产业开放就意味着实现西方式的言论自由。这实质上是一种迷思，不符合历史发展的逻辑建构。世界经验证明，诸如法治系统、文官系统、大学自治、社团自治、出版制度等等，与西方民主制度的建立和完善，并不存在严格的同步关系或因果关系。现代国家建设与社会建设，是许多种力量各自努力、并行发展的结果。世界出版产业能够达到今日的成熟形态，有着自身特殊的动因、博弈和轨迹。

中国有着改革开放30年的积累，政府应该完全有自信、有能力、有方法在既定的国家制度框架下建设繁荣的文化出版产业，而不应总是纠缠于出版制度的"姓资姓社"问题——那样只能裹足不前，一再丧失机会。

三、 避免改革陷阱

30年来，中国改革正在进入深水区，人们对于改革已经不再简单地欢呼雀跃，而是有着冷静的认识和反思。出版体制领域的改革作为后发性改革，应充分总结其他领域改革的经验，避免改革陷阱。

第一，缺乏改革的战略感和目标模式。不着眼于行业基本的、可持续的市场制度建设，而一味依赖过渡性的政策和局部政策，“水多了加面，面多了加水”，使得简单的问题复杂化。徒增制度和交易成本，容易为以后的改革留下更多障碍。

第二，过分强调改革渐进性，丧失主动性。缺乏改革的时间表和路线图，导致从业者和资本没有稳定的积极的预期。难以集聚改革所需要的社会资源和信心。

第三，缺乏改革的勇气和责任担当。顾虑太多，导致效果大打折扣。

改革是必要的，主动求变的改革家是最可贵的，在同样的气候条件下，在同样的客观条件面前，有的人选择改革，有的人选择“不”。决定性因素便是改革者的见识和担当。改革的过程也必然不是和风细雨，而是充满了冲突、抗拒与变迁。在改革的舞台上，没有勇气和责任担当的人是没有位置的。

任何改革都有特定主体和对象，都是系统工程，离不开政府、行业协会以及企业、个人的参与。由于出版制度的特殊性和复杂性，形成体制内外的良性互动，形成政府与企业家共同创新的改革局面是最佳路径。良性互动必须承认对方，坦诚沟通，群策群力，形成发展共识。

民营书业应该抓住机遇，告别自己的“悲情意识”和“灰色化”生存，和政府管理部门充分合作，主动参与到新一轮的改革开放中来。行业协会也要充分发挥作用，推动产业秩序以及行业自律的建设，共同为一个繁荣的出版业而努力。

而在改革的进程中，地方创新和增量改革是中国改革历史的重要经验。出版产业改革更应发挥地方政府治理创新的积极性和创造力，为改革贡献知识和经验。

一个既繁荣兴旺又有良好秩序的出版产业，符合国家和人民的利益，也将为中国发展模式的转换和经济腾飞找到新的羽翼，值得有识之士共同为之奋斗。

四、 现有体制下的民营书业创新

民营书业虽因制度扭曲和先天不足，尚多有瑕疵，但凭借隐忍的草根精神——强烈的市场意识和市场能力，虽无政府投入与优惠，却已经有了一定的规模和力量，这应归功于民营书业企业家的创新。在一个制度、规则明确的社会，产业发展主要靠企业家创新推动，而在一个高度管制行业，制度则深刻地影响了书业的商业模式，这对于企业的创新提出了更高的要求和挑战。在既有的制度环境和产业格局下，我们所简要探讨的民营书业的发展解，有别于前面的制度创新解。

第一，与新技术结合的创新。以互联网为核心的信息革命在深刻地改变着各个行业，书业亦不例外。新技术带来的颠覆性创新往往能创造出全新的价值，并且让后来者居上。民营书业的流通企业中，出现了当当、卓越这样的新巨头，并逐渐成为主流分销渠道。而在数字出版，尤其是传统出版领域，也出现了盛大这样的技术和资本力量。谷歌和苹果这些 IT 业的先锋企业也开始进入出版领地。这些裹挟着技术和资本优势而来的新玩家，会极大促进出版产业转型，也会诞生出大量的产业机会。

第二，价值链创新。传统的书业创新常局限于内容的创新，而出版产品形态和运营模式的创新在现在的制度格局下，应该得到更多的重视。而目前的产业格局更加需要企业的全价值链模式——目前较为成功的企业如商超领域的唐码，一些教育出版的大户云集均证明太过于依赖分工的运营模式的脆弱性和全价值链的优势。在价值链创新方面，即使在既有格局下，民营书业仍然有很大的创新空间。

未来，为改革者和创新者而来。

盛大文学已经拥有80%的网络文学资源，并推出基于数字阅读的“云中图书馆”。

访谈笔记

访谈笔记

鲍 红 朱 鹰 整理

之一

谈了很多，没达成一个协议

访谈对象：某民营公司董事长

笔者：前段你们接待了不少来考察的出版集团，有没有合作意向？

××：一个意向都没有，连个协议都没有。××跟××集团还有个战略合作协议，我们连个协议都没有。

笔者：他们达成一些具体项目的合作。听集团的意思，先把项目做成了，至于赚的钱怎么分，以后另说。好像他们的政治需求要大于经济需求。

××：对，为合作而合作。我们跟四五家出版集团也在谈，到底能谈出个什么东西来，能拿出一个什么模式来，我觉得不好弄。关键是出版社、出版集团拿的方案不可行，你拿出方案他又不听。

笔者：您什么方案？

××：比如说集团把教育出版社给我，他的教材，原来计划内的那些东西，他还可以经营，其他的我来运作嘛。出版社名义上还是他的，我不过是要一块经营权。给我授权以后，我就可以直接到出版总署去申请书号了，就不受制于他了，我就可以放开手干了。我们还可以借助这个平台，再去收购一些小的民营公司，整合出一个新的东西——现在民营你拿一块资源，我拿一块资源，谁也用不了谁的，无法从股份上进行合作。

笔者：您也不需要他投资？

××：对呀，我不需要他投资，他只投个壳和书号，我们的钱他可以拿走51%，我拿49%。其实是他们占便宜，对不对？

笔者：那他们什么方案？

××：他们就是要并购我们嘛，控股51%，我们看着不可行。

笔者：他并购不还要给你钱？你宁愿他不出钱，白给他们51%的股份？

××：我们也没必要让他们出钱。另外关键是我们还想干事业。我们跟××出版集团谈的时候，××说他们有钱，我说我不要你们的钱。合作也没那么好，国家的模式都没探讨好。比如哪些是禁区，怎么个规则，怎么个约束，这些都没有。国有的钱不是随便花的，花了要负责任的。我们公司自己有钱，不想去拿这种不明不白的钱，要拿就要有实效。这次国营和民营合作，弄不好就是出版发行业一个新的国有资产流失的例子。合资公司亏了，国家亏了80，企业亏了20，两边老板都赚，完全可能。

你要是报道的话，就报道××，千万别报道我们。

这几年民营书业都在报上吹多少码洋，改革开放后好些民营企业家把自己都吹坏了，现在民营书业也在吹这种东西，看谁吹得大。说实在的，最后还得看实力，看你有没有可持续发展的能力。我们为什么不想吹，归根到底我们感觉自己还不行，我们还没有这种底气。这几年发展快，人才、管理上还有许多没跟上。怕宣传后，树起来的旗帜倒了。尽管改革的大旗打得很响，还是要一步一步来做书。现在还没到宣传的时候，出版业的风险太大了。

笔者：这个风险是来自市场的风险，还是政策的风险？

××：不是政策的风险，政策从来都没有风险。为什么？改革开放以来，中国民营书业的发展，政府从来就没管过我们。他不管你，也不支持你，就是支持你。中国改革开放三十年好多行业都是这么发展的，刚开始也没有政策，也没有法规，你发展起来再给你政策，再给你法规。就是这么一个规律。市场经济讲的还是市场风险，不是政策风险。

之二

合资对接的问题

访谈对象：某民营公司总经理

笔者：你们也谈了几家，有结果吗？

××：到现在还没有，现在还是买卖书号和项目合作。

笔者：你们不愿意跟他们合作？

××：没法合作的，我只能跟你讲，第一个国有的管理体制是个大问题，严重制约。我们今天一看不行，明天就可以打折，我们剩的库存书可以报废。他们就不行了，他是国资委授权的，程序复杂着呢，你不报废，库房都盛不下。再就是经营方式的问题，我们可以该加班就加班，他们可能就按部就班了，工作方式和工作习惯都不一样。第三就是双方的资本、资源评估无法达成一致，民营公司的很多资产无法合法化。

笔者：现在资产评估不是有很科学的程序吗？

××：你再科学，中国是情、理、法，先是人情，再是道理，然后才是法理。

笔者：很难弄啊？海豚不也资产评估了，把汽车、房子、能用的东西都评估了。

××：非常难弄。不要说无形资产，你的码洋销售量都评估不出来。编、版、印、发四个环节，我们有两个环节是不合法的，出版权没有，印制权没有，只能发行和编辑，这就意味着资产的合法性无法显现，有些销售要通过出版社开票的。

笔者：不是自己可以开票吗？许多民营公司已经把自己当成一个出版社来做了。

××：发票要出版社开的，还有印刷费、纸张费，规范的民营企业都是这样，不规范的就自己整了。这样出版社开的那部分算你的还是出版社的？不可能算你的。

笔者：至少应该在另一本账上记得清吧？

××：那本账没人会拿出来给你看的。这是一个很大的问题，资源无法公平、合理、合法地对接。因为不能对接，所以就出现一个信任危机。资产不能显现，就无法公平核价。

笔者：你是以整个公司跟他合资，而不是拿其中一部分？

××：一些出版集团就是上市公司，或准备上市，证监会要求投资一个新领域，不能有同业竞争，不能和他注册一个合资公司，我这一块继续干。必须全部拿进来，或者不再产生同业竞争。要不你把优质资源留在外面，把劣质资源放里面，股民是不干的。

还有一个问题，做得比较好的公司其实不差钱，所以双方合作的目的是什么要搞清楚。国有单位是想做大，尤其是上市后资金要找募投对象，而投教育类公司很快就能做出一个漂亮的报表，股价马上就可以涨。对民营来讲，原来没有出版权，合资了，由地下转到地上，要的是一个身份。

其实我不需要钱，所有教辅类公司我想没有负债经营的，现在银行贷款都不用，我用你的钱干什么？我本来能挣钱，合资后你要分51%，还要管着我，这也是一个问题。

笔者：这么说，教辅公司没有什么项目需要大钱。

××：教辅需要什么大钱啊。要做强做大，我们也可以上市，创业板对民营公司也是一好机会，我们也有这个规划。这个规划怎么做，我的核心竞争力是什么？一是你的产品和团队。二是渠道，你有没有掌控渠道的能力。它要看你的盈利模式。

笔者：你们现在想自己上市？

××：我们在做，但这个东西可能一辈子也做不完，只是我们奋斗的目标。都有这种梦想，关键是自己要具有掌控市场这样一个核心竞争力。

之三

关于合资的三个观点

访谈对象：某民营公司总经理

笔者：国有民营的合资，这几年社科领域多一些，教辅领域好像还不明显。

××：对于合资，我有三个观点：

第一个观点，国有民营合资，源于民营人骨子里的一种不安全感，这是一个最深层次的问题。人没有安全感，根本没法干活儿。

第二个观点，国有民营合资，在现有政策上，实质就是国有吃民营，这是一种历史的倒退，百分之三百的倒退，肯定是错误的。纵观国际国内，和中国改革开放三十年，哪个行业不是国退民进来发展？1990 年万象鲁冠球划给政府 1 500 万，“花钱买不管”，才成就了今日拥有 300 亿元总资产的跨国集团。现在反而“要钱买管”，民营要国有的这点小钱买管，这绝对是历史的倒退。

第三个观点，纵观企业发展规律，凡是被别人收购的人，基本都不怎么样，身体有毛病。打个比方，这个比方绝对贴切，一个拥有大学本科学历的单身女强人，我自立，有知识，说好也好，说不好也有不好的，不是没钱活不下去。累了，干脆就找一个人嫁了，39 岁嫁一个 59 岁的老头，挺不住就找个人靠岸。

这个企业一年挣 2 000 万，这是你自己的事儿，干吗让他分 51%？他能给你发几个工资啊？累死累活一年销售，股份分 300 万，还得先纳个人所得税，财务再来扣一下，剩下到你手上没几个钱了。乱七八糟的职务消费，一切都要按财务制度办事，像打牌，一输 3 万，可以打个白条，那个能打白条吗？这就是生活状态。我说真话，说假话没有意思。

再说了，出版要什么钱啊，说得难听点，给你两亿你都不知道干什么。根本就不是要干大事没钱的问题，是有钱不知道干什么的问题。

笔者：这也是形势所逼，因为做社科的，这两年普遍比较难。市场竞争大，国有上市对他们挤压也大。想出头，想做大，就要想办法。

××：网络和数字出版对他们冲击很大，规模又难做大。数字出版对教辅一点影响都没有，它无法改变传统做作业的形式。

现在环境越来越好，那么苦的日子都过了。自己奋斗了十几年，这个行业越来越阳光的时候，你说你把自己给卖了。

笔者：这样合资民营会吃亏吗？也不见得吧。

××：不是吃亏不吃亏的问题，其实是关心我们产业的生态结构，竞争主体的生态结构。现在就是民营和国有在竞争，总共没多少竞争主体，这样子不利于产业的发展，它违背了产业规律。

笔者：现在整个行业都是赚小便宜吃大亏。近来各地都在筹备出版产业园，吸收民营书业进驻，希望有一些政策上的突破，您觉得可行吗？

××：那点书号费想彻底省下来，不是那么简单，是要付出代价的。现在想借着出版产业园，本来我不缺房子，我还要去租房。还有一个审定委员会，你要给审稿费，每千字10块？1 000本书我要付多少，100多万，我付不起。千字5块钱，这不跟买书号一样吗？现在没运作，一运作问题都来了。

笔者：照你说别改了，就这样算了。

××：也不能这么说，后面的事要继续观察。但至少我表达一个观点，没有必要欢呼和乐观得不得了。它有什么意义呢？就是走出边缘地带，这个行业越来越阳光了。其他更大的意义谈不上。

文化产业是一代一代向前发展的。你往前推一点，下面的人看这么搞没事，他也这样干。看这样还行，再往前迈一点，就这样慢慢的开放了。现在要他一步迈一百米，他害怕，遇到地雷怎么办啊？所以政府也是半步打天下。

一个繁荣健康的出版产业是我们共同的利益之所在。

笔者：我发现您越来越理解政府了。

××：像我们四十多岁的人了，他们在那职位上也不容易，也有风险的。我们做企业还赚点钱呢，他连钱也没有赚着，还气得一脑门子的火呢。他还有苦没地儿诉呢。

之四

让张三对李四负责?

访谈对象：某民营公司董事长

笔者：现在行业相互模仿挺厉害的，谁出了一套书比较好，各家就照此定位再出一套。这种情况非常多，但模仿你们的好像不太多。

××：你错了，模仿的很多，只是都没模仿成功。×××也出过嘛，××也出过，××，××都出过类似于我们的产品。

笔者：为什么模仿你们的那么难呢?

××：模仿这个东西我觉得本来就不行嘛，他没有创新的东西。他不是怎么投入精力，投入财力，投入研发力量，把它研究透，做到最好，把它彻底的当做一个事业来干；而是看你哪儿好，就模仿一下，来抢点儿东西，大的出发点就是不对的。这样模仿只是一个外表，一个形式，内涵肯定不行的。

笔者：他肯定没你费的精力多，没你用的心思多。你们选择合作方一般考虑哪些方面?

××：一个是看出版社的特长在哪里，选题方向是不是对口。另外一个是双方的融洽程度，因为书号一旦确定，我们产品上市是有时间限定的，在某个时间之前得把这个事情办妥。如果对方拖拖拉拉跟你扯皮，就会影响整个产品的进度。当然，还会考虑费用的问题。总体还是愿意选择更规范的出版社，他们是要求严格一点，但对我们提高编辑水平是有好处的。像我们的稿子，他们都审。

笔者：都审？审得过来吗？当然你们品种相对少点儿。

××：我们原来品种少，他们都审，不过现在很耽误事了，他们实际上已经审不了。我们合作的××社，他原来合作的客户少，主要跟我们合作，我们品种又少，他审一部分是能审过来的。××社也没什么合作对象，开始也能审得过来。但是现在产品一多，速度一快，他们确实审不过来了，对我们制约很大。打铁还要自身硬，我们自身的编辑水平也提高了。

笔者：所有经营都是你们负责？出版社要不要发一部分书？

××：不能两边都发的，那样市场就会乱。

笔者：但我在新华书店，见你们的书摆在出版社的专柜上。

××：他摆一部分呗。

笔者：那不相当于他也发一部分吗？

××：不是，我们没让他发，我们是跟普通客户一样对待的。我们按批发价给他，他再给别人加价，已经加不上了，那他就没法大批量地发。

笔者：现在这种合作对你们有什么影响？

××：品牌嘛。现在书上只有产品的标志，没有公司的名字，这就不利于一个企业的发展。你连公司的名字都没有，想形成品牌很难的。大家知道《××》好，谁出的就不知道了，对经营者的压力其实是很大的。再来，名不正则言不顺。还有资金的来回运转问题，得通过出版社来转付。

笔者：都转付？

××：根据需要，转付一部分。

笔者：假如政策再进一步，跟出版社成立合资公司怎么样？前几天跟出版社在一起，听你们讲到这种方式，你们认同这个？

××：你说，从策划到发行都是我们，其实就是一个主体，主体必须有做主的权力。现在企业就受制于出版社，它不可能做大做强的。

笔者：实际上您是愿意独立的。

××：对，实际上是愿意独立的。你不独立，你的思想没办法发挥，你很多的想法没办法实现，就有制约，束缚住你的手脚。比如参加比赛，束缚住手脚怎么能赢得比赛啊？运动员有一点思想波动都会影响成绩，更不要说束缚手脚了。

笔者：如果做一个出版产业园，你们会不会进去？

××：如果他给书号我们就进啊。

笔者：万一需要审读呢？产业园的审稿费估计比出版社高。

××：其实不必审，只要最终出来的书合格，不合格他就把我砍掉，这不就完了嘛，这样多好啊。你说审，但是审完了还是有不合格，有什么用啊。

笔者：你的意思是事后追惩，有问题再追查。

××：出版公司如果错漏百出，它就不可能生存下去了。大公司谁对谁负责啊，自己要对自己负责任的。你非让张三对李四负责，我觉得这个有点可笑。

之五

关于进一步发展的政策建议

访谈对象：某民营公司董事长

笔者：年初《指导意见》中，提出要为民营探索合法出版通道，但还没有细则。对于进一步的发展，您有什么建议？

××：大致就是几项东西。一个就是《指导意见》出台以后，目前还仅仅只有我们出版和发行的圈子里知道，政府应该加大宣传，让社会也知道，国有和民营出版是一样的了。这是很重要的一条，现在许多人还是认为民营就是个体书商。

第二个，应该跟工商、税务部门协调，税收政策民营和国有能够一样。就是在支付稿费、纸张费、印刷费等出版费用时，民营能够合法支付。以前按规定我们不能支付，大家都偷偷摸摸地做。现在虽然都在做，但没有明确的东西。这是最重要的一条。

第三个是解决民营出版通道的问题。在中国现阶段，像国外搞登记制应该没有可能，至少两三年内没有可能。一种可能就是把书号授权给某一个民营群体，听说一些新闻出版局想搞这个，我认为出版产业园是个挺好的概念。由新闻出版局或出版总署对园区的出版公司审批把关，把书号授予这个群体。当然，在收取费用时，肯定不能按书号费来收。我是主张通过出版产业园来解决民营出版的问题。

笔者：你不怕它将来变成图书批发市场？你最后不想待了都不成。

××：在每个企业都能解决出版问题之前，这条路是适合的。如果所有民营公司达到一定条件都可以申请书号，它自然就没有意义了。

笔者：你们现在使用的书号一个多少钱？

××：大公司基本上过了一个书号一个书号论价的时期了，基本上我们是按百分比交版税。一般按基数收，也有可能按实数收。所谓基数就是出版社不管你卖多少，按两万册的6%，或一万册的8%，给他交版税。交完就不管你了，十万八万随你印，你卖少了就亏了，卖多了就赚了。

笔者：你们一年要为此支付多少成本？

××：我们每年支付给各个出版社的费用加起来有800万元左右。最少有五、六家出版社，各种模式都有。

笔者：出版社要不要审稿？

××：实际上就教辅书而言，民营大公司的审校能力已经超过国有公司，出版社审稿还有什么意义呢？只要合作的民营伙伴是一个认真的公司，诚信的公司，几乎都不会出问题。

笔者：有些民营公司还要通过出版社审，并要交一定审稿费。

××：我跟你讲，出版社这个审稿费是要的，但稿是不审的，审稿变成一个要钱的名目了。教辅书那么大规模，根本就不可能审。我讲的都是实话，但是新闻出版局来查的时候，我们也说是审的。现在就是这么一个情况：一部分根本不审稿，一部分是没有能力审，一部分既不审稿，也没有能力审稿，还用审稿作为幌子来收钱。

之六

集团改制的进展

访谈对象：某出版集团管理层

笔者：对于国有民营合资合作，您有什么看法？

××：为什么要合作？这也是形势所在。民营也发展到一定程度了，有规模有市场，说到底就是通过合资把这个书号买卖合法化。

笔者：只有通过合资才能有书号，没有别的可能？

××：别的可能也有，比如××很早就跟××社合作，就是成批地拿号，出版社收管理费，其他一概不管，全是公司在操作。现在这样的很多，这是金字塔的底座了，很多出版社就是靠这个赚钱，以这个为生的。近来宣传的合资公司，它属于顶端的东西，不但有里子还有面子，面子上做得也非常漂亮。

笔者：你们那边的情况怎么样？

××：这边没什么大的民营公司，合作的也少。因为这边有个很大的问题，书号审批周期太慢，很多书商受不了。我们的政府管理也是有问题的。审批慢，审稿、发稿也慢，效率很低。还有终审权，也会发生冲突。出版社一般要坚持，有时候一终审，时间就耽搁了。有的出版社就放弃了终审，手续是过了，但总编、副总编不看，就算是信任你。但这样风险也大，一旦被总署质检差错率超过万分之一，就是不合格产品，要求收回，出版社首先要受处罚。

我们集团下面出版社，业务主要是两块，一是教材教辅，另一块就是政府项目，反正就是有人包销的。

笔者：比方说？

××：比如说某个政府官员要出一本书，他拿钱，这本书他也全部拿走。

笔者：这是自费出书，跟政府项目还不太一样。出版社转企容易吗？不是说2009年年底必须转？

××：转企没什么问题，早就是企业化管理了。转企也好，资金调度没那么多限制。原来是事业单位，发奖金受限制，大家都觉得不平，赚很多钱放那里干什么？出版社就想办法花嘛，变相地花，出国、请客、吃饭、搞房地产。这些对大家都没有好处。如果这一块能放开，那不是坏事。

笔者：但你们集团进展好像很慢啊。

××：我们这边主要是出了些问题，在谈判。我们要一些政策，政府不给，就僵持着。再说集团几个领导班子的老总，都要退休了，个人去向不同，每个人要打小算盘，怎么对自己才有利。如果说形式上的转企，我们不存在的，集团公司一注册就是企业法人了。如果转企就是宣布一声，我们是企业就完事了，那是没问题的。

笔者：你们跟政府要什么条件？无非是钱和人。

××：第一是教材发行的份额的问题，因为现在邮电系统也在做嘛，我们要确保一定的份额。

笔者：你们的份额绝对是最大的，还争这一点？

××：也没有绝对嘛，已经1/3了。然后还有一些政策上的倾斜，不需要政府给转制成本，但政策上要有一些优惠。还有资产问题，有一些土地，现在产权不明，大家都在争。

笔者：你们现在教材出版的利润有多少？

××：上亿。教材利润是支柱性的。本版书一直是亏损的，但现在对外宣称一直是盈利的，实际上盈利不盈利谁知道呢。国有基本上都是教材教辅，然后做一些创牌子的书，就是专门用于评奖的，评完奖就没事的那种书。还有一些也做畅销书，但是和民营没法比。

笔者：教材利润怎么那么高？你原来不是说4 000 多万元吗？后来招投标又减了一些。

××：我看一下，有官方数字，集团利润总额多少多少亿。教材加教辅应该80%以上，教材利润有一半以上。原来是没有成立集团，只是人民社的，教育出版社也有教材，而且人民社做的教辅少。现在算做得差的，以前人民社东躲西藏，说只挣了6 000 万元。

之七

出版改制的可能效果

访谈对象：某民营公司总编辑

笔者：您在出版社待了十几年，然后又来民营公司，你觉得两者的差别在哪儿？

××：民营企业靠的是管理和决策，他们的企业文化，以及学习能力，这是他们最大的优点。缺点就是从业时间太短，人才太少。因为人才培养的时间短，所以一般运用泰罗式的科学管理，或者福特式的流程方式，给工作分段，每个人就掌握这一段，上手起来就比较快。但这对于培养全方位的策划人才、复合人才是不够的。（现在有改进吗？）这一方面我们也在着力，我们公司实行岗位流动，目的是让他从策划开始，一直到布稿、落排、编校、发行、营销、宣传、推广都让他熟悉，包括出片、印刷等技术方面，都让他熟悉，培养复合型人才。

民营的效率比国有高得多。民营绝对是效率优先，有一本书叫做《没有任何借口》，民营在执行上就是“没有任何借口”。在国有单位一个决定下去大家议论纷纷，各种理由都有，但在民营公司基本是没有任何借口。

国有的短处是在机制和管理上。国有是铁饭碗为主，他们甚至人事权都没有。现在说“新人新办法，老人老办法”，你对老人人事权都没有，用与不用，下岗、待岗与辞退，你没有这个权利。另外，比较好的国有单位，关系户太多，任何出版社都是干部子女、干部配偶特别多。在管理上，出版社是人民公社，民营是包产到户。

笔者：您觉得国有能改变吗？通过改革？

××：这是体制上的问题。我们之前有几个系统，科研系统、供销社系统，还有工业系统，一开始国家都是试图改革，到最后发现实在改不了，改了以后还是勉强维持，最后就是整体卖掉。

以后的趋势都是股份制。原来有那么多科研所，改来改去都搞不好，搞承包制不行，搞责任制也不行，最后还是把公司卖掉算了。工厂也是这样，我们大量的工厂就是这么卖掉的。一开始的时候，国家并不想卖，是希望通过改革，当时还有《乔厂长上任记》，现在估计乔厂长那个厂早就卖掉了。十个乔厂长都没用，因为你体制上没改革，所有制没改革，积极性是受影响的。所以，现在出版业改革也不容乐观。

笔者：你觉得改制不会有多大效果？

××：出版社原来就叫事业单位企业化管理，其实无论转不转企，他始终是原来那套经营办法，现在无非是大家都在争双百亿，所以都想合作，都想跟民营——最好是跟民营大集团合作，这样民营的销售马上就变成他的码洋。他无非是在争取一个政治目标，反正产业不是他的，钱又不是他的，他们要的是一个数据，要的是政绩，这并不是真正的资本家所为。

笔者：出版社怎样才可能真正搞好，或者根本没可能搞好？

××：该灭的都灭了，该强的就强了。然后大家都要股份制，让他自生自灭。

笔者：现在不是不让他自生自灭，还在搞吗？

××：搞不了的，以后肯定要自生自灭。你别听他们这些数字。翻翻以前的报纸，当时供销社系统改革，省级科研单位改革，包括工业战线的改革，哪个不是成效显著，现在都到哪儿去了？都是官样文章。

笔者：这样子的话，你们都没有必要去跟他们合作。

××：目前至少有个政治界限，民营没有出版权，我跟他合作的话，我就有出版权了。这样的话，至少我披着一个红色的外衣。假如像香港一样搞登记制，我们就根本用不着跟他们合作。

现在我不戴红帽子怎么出版啊，名不正言不顺。一半在上面，一半在下面。

笔者：看这样子，出版业还得乱几年。

××：实质大家也知道完全可以一步到位了，但是非得走中间几步。出版社原来是事业单位，党的宣传单位，党就有责任，亏损了你得给钱。转成企业的话，就可以按照公司法来处理了，你自己资不抵债了，你能怪谁？在法律上就走得通了。再过两三年，部分出版集团上百亿了，也有的出版社资不抵债了，自己去申请破产。这样的话，出版社就会减少，有灭的，有好的。部分民营公司经过进一步考察和资质论证，觉得不错，也许就可以变成出版单位了。有些东西要有一个过渡，然后慢慢承认这种既成事实。

之八

一年十个月在市场上

访谈对象：某民营公司总经理

笔者：你们渠道跟出版社怎么划的？

××：主渠道一共20个省，他们做浙江、江苏等10个比较好的。我们公司还有两个股东，就对我有意见，说你的口子太大了，让出版社掐了韭菜尖。我是觉得，做生意这个东西，如果出版社没有挣到钱，他不可能一年130个号给我100。他做完08年的出版，又问我09年出什么？09年又问，10年出什么书？这说明他想跟我们长期合作，这对我的后方是比较有利的。我可以保证我的产品在同一家出版社，而且一书一号，销售也好对接，我的代理商提出什么要求都可以。

我10个省是差一点，但是不要紧，我们把这10个省做透就行了。做市场一样可以突破，市场小并不等于没有市场。

笔者：您有没有考虑过，您把好的省份让给他，其实他是做不透的，比您做量要少得多。如果您多做一些省，宁可给出版社多交一些利润，最终产品会有更大的销量。

××：你说得很有道理，就是我们都做，给他交更多的钱。应该说，国有体制内的出版社，他的素质，还是高于我们民营企业的，但为什么打起交道来，你有时感觉不舒服呢？不是他个人的问题，他们就是那种体制下形成的思维。他们一年给我那么多书号，有些人可能就不是很理解。他跟你成不了事，但可以坏你一个事儿，这种可能性还是有的。所以，哪怕生意做得小一点，一定要给他足够的过程去理解。

笔者：民营渠道呢？

××：民营书店都是我的。

笔者：您平时都喜欢做什么？平时用在工作上的精力多吗？

××：我想一想你这个问题。我觉得在我爱人心里，我除了对事业有兴趣，其他都没有兴趣。这些年我没有一次出去，是和工作无关的出去玩儿过，基本上没有。一年基本上有十个月在市场，我在家里的时间不会超过两个月，我基本上就是在产品上，上线下线，这个链条上。

笔者：原来以为你们产品相对简单，应该更轻松一点呢。

××：我现在做的都是核心客户。这样我要从产品研发开始就跟他们沟通，我的客户才支持这个渠道。基本上是以市场为导向做出的产品，不是我自己关起门做的。我们的前提是，今年的基本工作，两年前就要出台。我每策划一个产品，排版、设计、印张、用纸，书的厚薄、感觉……都要拿来让客户看，我要反复征求他们的意见。

笔者：觉得你们的封面跟别人不一样，我第一眼看到，就很喜欢这套书。

××：你说的对的，这个封面是我们全国的专利，只有我们一家有。我们每年封面用纸给他200万元，只供我们一家，我们是他的独家供应商。在设计上，这种风格我们也是第一家。差异化别人找的也差不多了，像唐诗这样的版本，找几百个、几千个版本都有，在这种情况下，你要与众不同，肯定要有别人点不到的地方。

之九

寻求内因的解决方式

访谈对象：某民营批发公司总经理

（其讲的是批发的问题，但提到的一些问题，对于每一个民营公司，甚至整个行业，以及我们每一个人，都是有参鉴意义的。）

笔者：您认为物流对所有批发商已经形成一种制约？

××：小公司还没有构成威胁，大的已经构成威胁了，但是他们没有意识到。或者意识到，但没意识到它的严重性。

笔者：您具体说一下。物流比较专业，涉及标准问题，以及很多东西。

××：它的设计是非常缜密的流程，它的管理力度相当大，牵扯到流程的设计，人对流程的认识。不仅要考验你的设计能力，还考验你管理的水平，以及你的改造力度。但这些东西，并不是当时就见效了，它会形成消耗，谁愿意为它付出代价？大家都很精明，没人愿意去想这个事情，尤其是民营。国企看到了，有钱嘛，一下投了几千万元，做面子工程。我是干的时间长，就不想老按原来那种方式。今年不想按照去年的方式做，明年又不想按照今年的方式做。

笔者：有更好的方式吗？

××：有时候并没有找到，但是我觉得没意思。全中国做批发没有像我这样能挣钱的，但是我觉得它好没意思，没有给我带来成就感，用这种周而复始的方式获取利润空间，我不知道它的价值在哪儿。我们经常提的那些问题老解决不了，前年说这个问题，今年还说这个问题。我突然发现很多民营，现在说的问题还跟十年前一样。他挣不到钱，可能提到政策的问题，不公平待遇的问题，价格的问题……这些问题，当我们想依靠外力解决，而外力没有助力的时候，我们怎么办？是不是应该找到一些自己内因的解决方式？因为这个问题对于大家，它的难度系数是一样的。我们如何能够破茧而出？这是我们需要思考的。

但大家把很多精力都花在抱怨上了，越抱怨就把自己的责任摆脱了，就不会考虑自己的问题了。我以前跟他们一样的，现在我不那样了，这是一个浪费。

一度我都不想干了，就去了一些地方，看别人的企业怎么做的。原来老看外面，当你突然转变角度，把目光转向自己，突然觉得：自己做的这叫什么呀？简直就是一垃圾！它不叫垃圾什么叫垃圾？然后，我就开始一点一点，要往前干，就希望干成一个，可能让我看到未来的东西。从那个时候，我就不再看自己的利润，我要看到它的发展空间还有多少。即便盈利在萎缩，但我知道，我的价值在那里，我已经看到了，我在着力改变。

以前那些虚伪的数据，你买了多少单都不知道，那叫什么财务数据呢？实际的东西是有很大差距的。很多民营企业，一问都在增长，增长还都很大。

图书之美。

笔者：这也跟媒体有关吧，媒体要问。大家都有点面子了，说自己下降，面子上有点过不去。

××：但是这些东西，对企业本质性推动有多少？

我不觉得问题出现是什么严重的问题，关键是理性地面对，拿出解决方案，这才是问题的关键。现在许多大型民营公司出问题，原因都在后台，由于后台不健康，而导致前台出问题。我看到很多人，他们经营定位不准，方向不明，企业重心没找着。

笔者：你说的是上游环节还是批发环节？

××：不管是谁。定位不清晰。这个公司以前的主业是什么？你准备干什么？能不能干，储备了多少资源干这个事儿？现在做得好的还是大踏步地走，做得不好的还以为自己做得很好。反正我感觉不好。前几年我们交流特别多，但现在一些人不愿意跟我说话了，我也不愿意跟他们说话。

之十

《知音》的管理

访谈对象：《知音》高管

笔者：没想到《知音》做这么大。

××：我们有八刊两报，没有一个赔钱的，《知音》的动漫也非常成功。国家建了那么多动漫基地，政府投了很多钱，弄了那么多年，还没发展起来；《知音》没要政府投一分钱，就发展起来了。此外，我们还兼并了十多家报刊社，在全国有二十多家印刷厂。

2008 年金融危机，许多工业企业和新闻出版也不景气，但《知音》没受影响。我们 2008 年产值比 2007 年增长 27%，2009 年利润将达到 1 个亿，比 2008 年增长 30% 多，一年纯利七八千万元。

笔者：《知音》经营这么稳健？

××：《知音》的经营很稳健。我们注册了一家影视公司，但没正式经营。因为通过两年研究，发现这个行业不能进：十个人做，七个人亏，两个人撤，一个人赚，这种产业很难做的。过去在七八十年代，《知音》都有一两个亿在银行，现在还是两三个亿在银行。无论是市场经济，还是金融风暴，没有亏过一分钱。

《知音》是规范经营，税每年都是免检。我们说《知音》欢迎你来查，《知音》规范。前年来查，得出一个结论：《知音》把内部管理、内部审查用到了极致，如果国有企业都像《知音》这样，国家会发展得很好。后来到处宣传。

笔者：你们还有一所学院？

××：武汉信息传播职业技术学院，现在大概是6 000人。其实一开始没想办，毕竟不熟悉，当时妇联有个妇女干部学校，是差额拨款，搞不下去，说你们市场搞得蛮好的，就压给我们了。当初胡总气得拍桌子不愿接这个烂摊子，但他是我们主管嘛，没有办法。接过来第二年，生源就增加了一倍，就是管理上下了功夫。后来做好了，妇联又要回去了。我们就另外注册了这个学校。当年招生500名，第二年700名，然后是一千、两千，规模慢慢就上来了，最近两年每年纯利润2 000万元。国家规定教育投资是非盈利性的，只能回报在教学上，所以集团利润没算这2 000万元。他们都不理解，说许多名牌大学都亏钱，你们收费比其他大学都低，比其他民营也低，人力也不够，又是新办的学校，怎么会赚钱呢？这就是管理完全不一样。

笔者：现在妇联的学校没有了？

××：他们又有新的想法。国有企业为什么发展不起来，他老本着这个观念，总觉得我是国家的人，我应该有什么待遇，不去奋斗，不去努力。

笔者：你说国有企业做不好，《知音》不也是国有企业吗，为什么就能做好？

××：《知音》不太一样。1985年各个妇联办实体，办的企业都垮了，办的刊都好了。有全国妇联的《中国妇女》，上海妇联的《现代女性》，陕西的《女友》，广州的《家庭》……每一个省都有。同时起步，以后发展就参差不齐了，有的被淘汰了，《知

《知音》杂志掌门人胡勋璧。

音》就往前走了。《知音》和其他刊不一样的是，当初是向妇联借了3万块钱，借款还了不就结了吗。现在我们做了十几个亿，还算是国家投资的。虽算国有企业，但全部企业化管理，自主经营，自负盈亏，有钱就生，没钱就死，和别的事业单位不一样。

笔者：国家没再给钱？

××：没有。《知音》走市场是最早的，一出生就走市场。不像别的事业单位一开始不是做市场，之后再慢慢做市场。《知音》是一出生就逼着你自己去找饭吃。所以《知音》从一开始，就是市场化管理，人进来，无论学历高低，官位高低，《知音》用的是人才。一个安徽农村的打工妹，后来成为我们的名编辑。我们的理念就是“以发展求生存，以实力求地位”，你有本事就有地位。

笔者：作为杂志的编辑，收入高的和低的能差多少？

××：差别很大，有的一个月两三万，有的可能一分钱没有，还得自己倒贴。《知音》规定出差的费用发稿才能报。你能发稿，出差可以坐飞机，没有级别限制；发不了稿，就得自己贴钱。一般多数是可以发的，但也有人几个月发不了稿，总体竞争很激烈，压力很大，待遇也好。如果一些老编辑适应不了，就下到子刊那边，子刊一个月有800块钱的保底，你发稿超过800块钱集团就不给你，如果只有600块钱，集团再给你补200块。我们不给社会造成压力。

笔者：作为国有企业，尤其是效益这么好的国有企业，社会上方方面面的关系肯定想进人。

××：有有有，蛮严重。前段《读者》彭总来，要轮流派中层来我们这儿学习。胡总就说，我先问你一句，如果你一个中层或员工不行，你能不能辞退他？彭总说那不行，他没饭吃还不来找我？这就是事业单位的问题。我们有一个员工，以前在事业单位，人介绍来，当时让他去学校做辅导员，做辅导员晚上要守夜，不能天天回去，他不愿意干，就让他回家。他就跑到院长家里去，院长吃饭他就坐下准备吃饭，说我没饭吃就过来吃你的。这就是过去事业单位的观念。

笔者：无论是员工还是高层都是市场化？宣传部或者政府部门的人事关系也带不进来？

××：全部都是市场化。原来胡总与常务副总3人是公务员，2000年胡总就向妇联申请，辞出体制内，开始没批，申请了几次，到2007年才批了。现在集团没有编制内的，全是市场化，都是平等的。

笔者：现在都没体制内的人了？

××：没有了，都是市场化，随时进，随时出的。你有更好的发展，我都不留你；你来如果我需要，你就可以来。判过刑的也可以用，你要鼓励别人就业，不能把人一棍子打死了。我们就用了两个坐牢出来的，一个编辑，一个学院的副院长，《知音》就是用人才。《知音》这么多年没有一个人敢轻视错误，严重的错误都没有。不是没有，是不敢，就像香港行政公署一样，他想但是不敢，我们不让他有这个条件，审计、采购、会计都有，买一个5块钱的插座，要经过一审、二审、三审、四审这些程序，不在于节约这几块钱，在市场经济下，也是为了保护干部。有这样的规范的制度，大家感觉挺好的。

笔者：总体感觉，《知音》是该给你的很大方的给你，不该你的一分也别碰，这样各得其所，大家心里也干净。而许多单位看似工资不高，滴冒跑漏不知多少倍，坏了规则，还污了人心。

之十一

以后的趋势就是市场化

访谈对象：某出版社分社社长

笔者：你们出版社改制进展怎么样，有什么实质性的变化吗？

××：没太大变化，我们早注册为企业了。主要是一些老人的去向问题，涉及退休金，我们报了方案，但现在还没动静。我们是部委社，2010年底完成。我们的主管是事业单位，退休的可以进去。

笔者：老人新人怎么界定？

××：我们分了老人、中人、新人。老人就是2010年年底前退休的人，在职的以1997年为界，之前参加工作的算中人，之后算新人。中人有选择权，人都在出版社工作，但愿意选择事业的关系就放主管事业单位里，愿意选择企业的就按企业走。

笔者：那大家不都选事业了，既拿企业的工资，又有事业的养老。事业身份的退休金正常是企业的2～3倍。

××：也不一定。以后国家的趋势是事业也要转，从现在来看，晚转要吃亏。现在说是养老金视同缴纳，实际上是视同最低标准缴纳的。如果企业做得好，缴纳的基数可能更高。

笔者：现在出版社多少人？离退休与在职的比例怎样？

××：光算图书这块，有七八百人。离退休与在职早就1∶1了，不过近几年又进了不少新人。

笔者：你们对现在的机制满意吗？考核是否公平合理？

××：我们出版社的理念就是，做书和其他产品没什么太大的区别，一切围绕满足读者需求。机制、制度都是围绕这个展开的。出版社实行部门考核，总的原则是多劳多得，上不封顶，下不保底。

笔者：不存在大锅饭？没有冗员？像效益这么好的出版社，各级领导有关系的都想塞人，你们扛得住？

××：少，大环境也影响人。就像你跳进长江、黄河，跳进去就身不由己了，就得顺势而下。周围人都在拼命，他吊儿郎当的，也干不下去。

笔者：你们工作压力大吗？

××：比较大。我们企业精神就是，特别能吃苦，特别能战斗。

笔者：你们社的利润结构？原来职教教材大约占50%以上的份额，现在还是吗？

××：职教教材多一些，也有一些本科教材也不错，加一起应该有50%。

笔者：你们的政策资源多吗，比如系统教材、政府用书之类的。

××：没有。××部一撤，就啥也没了，从2000年左右就没什么可依托的了，就完全市场化了。（笔者注：出版社还是有一些政府教材，与行业协会、考试机构也有密切合作，但他所在的分社没有这些资源。）

笔者：也就是，改制对你们影响不大？

××：就是换个叫法，如果说影响，可能心理上要有个过渡期，原来大家都是事业单位的……

笔者：原来还有根稻草，现在没了。

××：对。对于年轻人来说，大家积极性很高，总体影响不大。

笔者：你算中年人了，如果要选，你还是选企业？

××：有可能。整个国家的趋势就是这样的，以后公务员都要推向社会了，市场化是大势所趋。

笔者：你们社的观念就是与许多出版社不一样。许多有政府资源、自身竞争力不强的，就担心、不满，那股劲没用到做事上。

××：洗脑也不是一天洗成的。

笔者：你来出版社以来，有没有经过洗脑过程？什么时候变化比较大？

××：原来一年做几本书就行了，现在的节奏与过去完全不一样了。变化较大的就是我们现在的社长来了之后。他很低调，但大观念都出自于他。企业的掌门人一定要是个思想家，要不断分析外界环境变化。我们出版社的重大改革，发展的方向，先进的理念，工作方式的创新，都出自他。他来之前之后的面貌完全不一样了，基本一年一大步。

之十二

闲谈碎语

民营公司

我半夜了睡不着，苦思冥想，两点一刻想出个名字来。我后半夜上卫生间都在想名字，有好多书名都是那时候想出来的，然后兴奋得给策划中心发短信，说我灵光一闪，终于突破这个名字了。出版社社长夜里两点半他在想什么呢？哪个社长两点半想这破事儿，你爱催催，爱急急，他不弄这事儿。

——某民营集团董事长

企业给国家纳税天经地义，一个企业（民营企业）给另一个企业（国有企业）交钱这叫什么事儿啊？

——某民营公司董事长

对于一个企业而言，战略是很核心的东西。但现在，我们不知道自己的舞台有多大，它在哪儿。小企业赚点钱就可以了，但大企业是社会的企业，找不到自己的位置如何发展？所以，谈民营书业，要从国家经济、产业经济发展的角度考虑，不是哪个企业的生存问题，而是整个产业的发展。

——某民营集团副总裁（曾在出版社供职几十年）

民营公司做的书和出版社做的书，从产品上来说，只要不是反动的，社会意义都是一样的。我们也是中华人民共和国的公民，我们也给国家创造了税收和财富，也在传承和普及文化，我们赚了钱也不会存到国外去。我们也提供了二三十名员工的就业，工资不比出版社低。

现在就限制吧，你晚一年不放，消磨的是自己的国民，削弱的是自己的文化。

——某民营公司负责人，曾在出版社供职多年

说我们“灰”就“灰”吧，不说我们“黑”就行了，他也没不让你发展。你说你很美好，很脆弱，请政府保护你，政府不保护你怎么办？不要以为环境好了，就可以做好，实际上那时大家的环境都好了，一切还得靠自己。

——某民营集团董事

要做大文化产业，不仅要盘活国有，最丰富的创意产业在民间。创意产业的特性在于，创意不能被垄断，而且创意不适合国有机制。所以，既要出版社进行市场化改革，更要发展民营经济。

——民营书业行业协会

我一直在反思是怎么走上出版道路的。我从教育部门出来之后，一直

将自己定位于一个教育工作者，公司的本意，原是提供一种教育服务的产品。当时做的是一个教学评估系统，但表现形式是图书，就得有书号，就得往出版上靠。

可能在社会上有很多人，其实并不是想到出版这个行业中来，就是想做一些别的方面的工作，出版对于他们来说更像是一个工具，一种技术。只是规模越来越大之后，了解到很多出版的政策，越来越感觉到出版政策对于企业的影响。

现在企业虽然做到一定的规模，但同行说我们现在什么都不是，好像我们都是擦政策的边缘。这些事不仅会影响到企业的发展经营，还影响了很多从业人员的心态，不想发展，不愿发展，甚至不想做这个，因为这个平台已经闭塞了，风险太大。

——某民营集团董事长

出版社

出版改革改什么？全是自己整自己。事业企业的退休金差那么大，大家都不愿意改。出版社真正做大的全是做教育的，我们社全是职业教材和系统教辅。中国出版业除了各种教材与系统教辅，其他市场基本可以忽略不计，哪有什么民营书业？

——某出版社副社长

不能放开民营出版，放开了我可不干啊，我们在肩负着意识形态安全呢！

——某出版社社长

我是个干活的。在办公室乱七八糟的事儿，看稿只能在家里，我还有个6岁的儿子，又得陪他玩，一天到晚很累。许多人是不干的，你干得多也多挣不了几个，但你不干，挣得更少。怎样都得跟他们摊饼。

——某出版社编辑部主任

我们出版社约200退休人员，200在职人员，200聘用人员，1个在职养1

个退休，1 个聘用养 1 个在职，等于 1 个体制外养 2 体制内。平时喝茶看报的多是在职的，聘用人干得最多，但收入最少，因为规则是不由他们定的。

——某出版社发行主管

我们出版集团的人从上到下分了五级，一是集团在编，二是各社在编，三是集团聘用，四是各社聘用……五级，后三级做得多但得到的少，前两级做得少得到的多，大家都没积极性。

——某出版集团董事长

如今，出版处于春秋战国时期，诸侯割据纷争，兼并重组，大家都要争着上市，抢资源……这一切其实很正常。在目前这个形势下，面临着市场的大洗牌，有两大原因，一是出版本身，在多媒体的冲击下，要发生大的甚至质的变化，出版规模在成倍压缩；另外就是政策要求市场化的进展速度非常快，要求大学社、地方社必须在 2009 年之前完成转制，不转制就注销。这使得多少年在非市场机制下生存的出版机构，必须马上找辙，这一找辙就有点儿乱。这种乱实际上是有秩序之前的非秩序，大治之前的大乱，是非常正常的。

——某出版社副总编

国有出版社的政治资源、监督体制、上市融资的机会，对于民营书业而言，都是一次登堂入室，寻找新的发展机遇的机会。民营书业不要过分考虑眼下的得与失，眼下利益的分割，而应当从政治安全、发展前景上，积极推动国有与民营的再一次“公私合营”。

对于民营企业而言，引进合作伙伴在一定程度上不仅解决了资金的短缺问题，关键是对于改造家族式企业，引进先进管理制度，引进先进的科学技术，建立现代企业的法人治理结构，也是一个很好的推手。

——某出版集团副总裁

专家学者

出版业产值很小，在国民生产总值中的份额基本可以忽略不计，根本不指望它增加 GDP，只要维护好意识形态安全就行了。

——某政府官员

不要老说让政府放开，其实过三年、五年，你再回头看，已经改变了很多。

——某政府主管官员

图书出版本来是多么高尚的事情，可我们现在却做得这么低端；文化产业本来应该是各个行业的智力支持，整个社会的精神动力，可我们自己却这样故步自封、抱残守缺。

——某行业研究人员

按血统论是没有道理的，应该还客观规律以本来面目，让真正的有素质的人来做真正的事，并有程序保证。我估计，中国新生的真正的出版家就出在经过市场搏击的人当中。

总之，我们需要解决三个问题：一是如何给体制外的职业化出版力量以合法地位？二是如何使中国出版业的资源实现良性配置，促进健康的市场竞争？三是如何消除党和政府的担心和顾虑？

——某社科院研究员

我有两点政策建议：一是要放开书号，让书号回归到其原有功能，而不是一种可资获利的资源。一些没有创造能力的小出版社，就它让退市，扶持没能力的出版社是出版业的浪费。第二，对现有文化工作室经过审查后，重新登记注册，给予其准出版资格。鼓励一批，扶持一批，可以激发出版业的活力，有利于行业发展。

——某行业研究公司总经理

民营是较有创新活力的一个群体，我们不能长期挫伤这部分群体的积极性，这样对行业发展是有影响的。未来的出版格局应该是大象 + 蚂蚁，国外也很重视对小出版商的保护，而中国做得很少，仅仅国有出版社是远远不够的。

我们应该淡化所有制，可以选择一些各方都认同、守法经营、其经营领域又与意识形态较远、跟出版社合作较为规范的民营公司，作为政策突破的试点。

——某行业媒体总编辑

我是从经济工作战线上过来的，来到新闻出版业一看，觉得好像有隔世之感，落后了20年。它还是完全在计划经济的轨道上运行，市场经济是一个大潮流往前走，而我们这一块在岸边搁浅了，跟市场经济的大环境脱节了。必须要加快改革，不改革，我们就跑到孤岛上去了。

——某政府主管领导

从中国改革开放30年来和出版改制近十年的效果看，改革国有，事倍功半，操作复杂；放开民营，事半功倍，操作简单。我的观点是，不动存量，放开增量。

改革之难，在于出版社处于利益高地，政策资源太多，如果渐渐削减这些政策资源，有限度地放开一批民营出版，促进市场的公平竞争，不用人催，出版社自己就改了。

当然，这还涉及我国社保政策，对于国有体制内的保障较好，社会保障不均衡，这也是需要进一步解决的问题。

——某行业研究人员

附　　录

国有民营合作大事记

冯 祺 整理

1950 年

9 月，出版总署召开第一届全国出版会议，着重讨论了出版、印刷、发行事业的分工专业问题以及调整出版业公私关系问题。

1954 年

3 月，政务院第 208 次政务会议批准出版总署《关于 1953 年出版工作和 1954 年方针任务的报告》，规定 1954 年的方针任务是：整顿、巩固和有重点地发展国营和地方国营出版业、印刷业、发行业，加强对私营出版业、印刷业、发行业的社会主义改造。

8 月，中央宣传部批转出版总署《关于改造私营图书发行业的报告》和《关于整顿和改造私营出版业的报告》，决定对私营图书出版和发行业继续进行社会主义改造，并将一部分私营出版社改组为公私合营出版社。

1955 年

12 月，文化部出版事业管理局召开会议，提出对全部私营出版社的改造在 1956 年第一季度完成；发行方面于 1956 年上半年完成对 25 个城市的私营书店的改造。

1956 年

6 月，我国对全国私营出版业、发行业、印刷业的社会主义改造工作基本完成。

1980 年

12 月 2 日，国家出版局发出《〈建议有计划有步骤地发展集体所有制和个体所有制的书店、书亭、书摊和书贩〉的通知》。

1982 年

7 月，文化部发出《关于图书发行体制改革工作的通知》，提出图书发行体制根本改革的目标是：在全国组成一个以国营新华书店为主体，多种经济成分，多条流通渠道，多种购销形式，少流转环节的图书发行网，即“一主三多一少”。多种经济成分就是允许集体经济和私营经济成分参与图书发行，多种流通渠道主要是支持出版社自办发行，多种购销形式就是推广寄销和试销。

1983 年

2 月 25 日，文化部印发《1981 ~ 1990 年全国出版事业发展规划纲要（草案）》，指出有条件的出版社，可以逐步推行承包责任制。同时，大力发展集体所有制书店，适当发展个体书店。

1985 年

1 月 1 日，文化部发出《关于在协作出版中需要注意的问题的通知》，肯定协作出版这一形式，后来又具体规定了协作出版的对象和内容，主要是各类学术著作以及社会急需的推广科研成果的读物，专业面窄、印量较少，在教学科研上确有需要的品种，协作的单位必须是国家企事业单位、党政机关、人民团体和教育科研单位，不能接受个人和集体的协作出版业务。严格禁止“卖书号”、“卖牌子”。

6 月，文化部就出版社兼办自费出版做出专门规定：自费出版是一条补充的出书渠道，书稿主要限于非营利性的学术著作，出版社可以根据情况收取适当的管理费，各省市区都可以指定一家出版社试办自费出版。

1987 年

7 月，国务院发出《关于严厉打击非法出版活动的通知》。7 月 30 日，新闻出版署、广播电影电视部、文化部、公安部、司法部、国家工商行政管理局、轻工业部、铁道部、交通部、邮电部、中国民用航空局、财政部等12个部门联合发出《关于贯彻落实国务院<关于严厉打击非法出版活动的通知>的通知》。《通知》指出：除国家批准的出版单位外，任何单位和个人不得出版在社会上公开发行的图书、报刊和音像出版物，违者属非法出版活动。

9月，国务院发布《投机倒把行政处罚暂行条例》，把制造、销售、传播非法出版物及获得非法利润的行为定位为投机倒把行为。

11月，最高人民法院、最高人民检察院发布《关于依法严惩非法出版犯罪活动的通知》。

1988年

4月，中宣部、新闻出版署发布《出版社改革试行办法》，指出：出版社可以试行承包责任制，“继续试行和完善出版社内部的各种承包责任制”。“有条件的出版社可以试行向国家（上级主管机关）的承包经营责任制，承包的主要内容包括出书品种、质量、数量和利润”。

天则出版社成立，这是我国第一家民办出版社，是由著名昆虫学家周尧先生发起、并联合数十名科学家倡议，由国家新闻出版署正式批准成立的。天则主要出版科技类图书，成立两年间出版238种图书。1990年，天则民营出版社关闭。

1989年

5月，新闻出版署发出《关于进一步查处假冒出版单位进行非法出版活动的通知》。

重庆最大的民营书商尹明善退出图书行业，转入摩托车销售。尹明善1985年底放弃“铁饭碗”创办重庆长江书刊公司，他编辑发行的《中学生一角钱丛书》发行量突破千万册。但他认为：凡不能在阳光下公开的生意，便无法成长为真正的事业。1989年宣布退出，转入摩托车销售。10年后，身为重庆力帆集团董事长的尹明善入选《福布斯》中国100名巨富。

1991年

4月，新闻出版署发出《关于缩小协作出版范围的规定》，规定协作出版的图书，只限于自然科学或工程技术类图书，协作单位，只限于国家机关、全民所有制的科研单位等，不得与集体和个人进行协作出版。

8 月，新闻出版署发出《关于出版社不得要求作者个人包销图书的通知》，规定出版社不得以任何名义接受作者个人出版资助出书，不得要求或接受供稿单位或作者包销图书，不得以图书充抵稿费。

1993 年

当年，美籍华人孙立哲创立的（美国）万国集团公司与电子工业出版社合资，成立美迪亚电子信息有限公司，引进出版国外优秀的计算机图书；之后，又与水利水电出版社合资成立万水公司。

1994 年

5 月，新闻出版署决定对书号使用总量进行宏观控制。

7 月，新闻出版署作出规定，出版社不得以任何名义直接、间接向作者（单位或个人）收费约稿；未经国家相应的新闻出版管理部门批准而私自设立的所谓“编辑部”、“出版社”、“杂志社”等必须取消。

当年，光明日报出版社与民营公司合作出版当年诺贝尔文学奖得主大江健三郎的五卷本作品集，由民营公司投资几十万元。这套纯文学丛书在几个月内销售达十几万套，成为 1995 年书业的神话之一。

1995 年

10 月，万国集团公司与机械工业出版社各投资 25 万美元，注册北京华章图文信息有限公司，主要出版计算机、经管类图书。

1996 年

1 月，国务院办公厅发出《关于坚决取缔非法出版活动的通知》。

6 月，新闻出版署印发《关于培育和规范图书市场的若干意见》的通知，提出“三建二转一加强”（重视批发市场建设、推行多种购销形式建立新型购销关系，建立和完善市场规则，转换出版社自办发行的观念和机制，转换国有书店的经营机制，加强农村发行），要求“批发进场”。到 1999 年，全国共建立批销中心 120 多个，其中最为典型的是长沙黄泥街、武汉武胜路、西安东六路、北京金台路四大书刊批发市场。

1997 年

1 月，新闻出版署发出《关于严格禁止买卖书号、刊号、版号等问题的若干规定》。严禁出版单位以任何形式出卖书号、刊号、版号；严禁任何单位和个人以任何名义直接或间接购买书号、刊号、版号，并参与出版、印刷、复制、发行等活动。

1998 年

科利华软件集团宣布投入 1 亿元推广上海三联书店出版的《学习的革命》，在全国各地展开声势浩大的宣传活动。科利华通过《学习的革命》名声大噪，成功借壳上市。

挂靠南海出版公司的北京文艺编辑部重新出版余华的《活着》，把一本首版发行不足 1 万册的纯文学作品，经过重新包装设计，成为销量达四五十万册的畅销书。之后北京文艺编辑部又出版了莫言的《红高粱》，王安忆的《长恨歌》，安妮宝贝的《彼岸花》等。

贺雄飞的草原部落工作室推出“黑马文丛”，与经济日报出版社合作推出了《火与冰》、《深呼吸》、《昔日的灵魂》，上市后取得较好反响。随后又通过多家出版社陆续推出又一批有较大反响的作品：《铁屋中的呐喊》、《不与水合作》、《47 楼 207》、《耻辱者手记》等文集。

2000 年

7 月，汤小明注册读书人文化艺术有限公司，运作《富爸爸　穷爸爸》项目，从此进入出版业。读书人成功运作了《富爸爸　穷爸爸》、《谁动了我的奶酪》、《鱼》等多部优秀作品，先后与十多家出版社合作，并推动了各社发展。而几年下来，读书人本身却始终无法在台面上打造自己的品牌，那些畅销书某种程度上都成了他人的嫁衣裳，读书人也因此被业界戏评为“学雷锋奖”。

9 月，广西师范大学出版社与民营策划人共同成立北京贝贝特出版顾问有限公司，主要从事人文、学术、艺术、生活类精品图书的选题策划，并为图书的出版发行及印前工作提供信息和技术咨询。

2001 年

4 月，电子工业出版社与民营出版人共同成立世纪波文化发展有限公司，专门从事经济管理类外版与本版图书的策划与出版。

当年，北京博士德文化发展有限公司成立，他们与新华出版社合作出版的《细节决定成败》一书，累计销量达 300 多万册。现已逐步发展成为集图书策划发行、企业管理讲座培训、企业管理项目咨询等多种业务于一体的综合型公司。

当年，原作家出版社白冰加盟接力出版社，在北京成立接力出版社第二图书中心。

2002 年

党的十六大召开，明确提出了文化体制改革和文化产业发展的问题。党的十六大的《决定》里，把文化体制改革作为完善社会主义市场经济体制若干问题加以规定，从党和国家的决策层面对新闻出版改革有了确定的说法，鼓励、支持、引导民营资本投资出版业。

2003 年

4 月，长江出版集团与金丽红、黎波合作成立长江文艺出版社北京图书中心，长江文艺出版社投资，金黎以经理人身份加盟。

7 月，中宣部、文化部、国家广电总局、新闻出版总署联合发出《关于文化体制改革试点工作的意见》，要求转制为企业的出版社建立现代企业制度，实行自主经营、自负盈亏。

7 月，新闻出版总署颁发《出版物市场管理规定》，取消了民营企业申请出版物批发、总发行权的所有制限制和上级主管单位的限制。之后，文德广运发行集团、上海英特颂图书有限公司、世纪天鸿书业有限公司等十几家民营书业企业获得出版物总发权和连锁经营权。

12 月，国务院办公厅印发中宣部、中组部、发展改革委、财政部、新闻出版总署等部门制定的《文化体制改革试点中支持文化产业发展的规定》和《文化体制改革试点中经营性文化事业单位转制为企业的规定》，对文化体制改革试点单位和试点地区，特别是转制单位给予许多优惠政策支持。

当年，原广西教育出版社总编李人凡退休后，在北京成立大象出版社北京图书中心。

2004 年

7月，新闻出版总署下发《关于进一步规范新闻出版单位出版合作和融资行为的通知》。

9月，中宣部、中央编办、国务院法制办、新闻出版总署、文化部、广电总局、财政部七部门发布《关于在文化体制改革试点地区建立文化市场综合执法机构的意见》，决定在广东、浙江、北京、上海、深圳等9个地区进行文化市场综合执法的改革试点工作。

当年，人民邮电出版社与新华信咨询公司一起合资成立北京普华文化发展有限公司，双方各占50%的股份。公司致力于经管图书的策划、出版以及本土管理实务领域的咨询和培训业务。

当年，缘缘堂与机械工业出版社合作出版《没有任何借口》，10个月再版24次，销量超过200万册。后被曝是本“伪书”，引发出版业一场打击“伪书”运动。

当年，北京湛庐文化传播有限公司与中国人民大学出版社合作，作为出版社商业与文化事业部，策划商业与文化类的图书选题，以“成就商业阶层事业与生活的梦想”。前者负责策划，后者负责发行。

2005 年

2月，国务院发布《关于鼓励支持和引导个体私营等非公有制经济发展的若干意见》，简称“非公36条”，提出要放宽非公有制经济市场准入，加大对非公有制经济的财税金融支持，完善对非公有制经济的社会服务，维护非公有制企业和职工的合法权益，引导非公有制企业提高自身素质，改进政府对非公有制企业的监管。

8月，中共中央、国务院颁布《国务院关于非公有资本进入文化产业的若干规定》，允许非公有资本投资参股下列领域国有文化企业：出版物印刷、发行，新闻出版单位的广告、发行，广播电台和电视台的音乐、科技、体育、娱乐方面的节目制作，电影制作发行放映。

12 月，长江出版集团与国内最大的民营少儿出版商海豚卡通合资成立海豚传媒公司。注册资金 3 600 万元，长江占 51% 的股份，夏顺华占 49%。具体操作是，双方都用现金注资，成立海豚传媒公司。对于原海豚卡通的部分有形资产，比如设备、电脑、办公桌、汽车，以及部分图书与胶片，经会计师事务所审计和评估师事务所评估后，经双方认可，再由新公司来购入。双方的品牌、渠道等无形资产都不作价。海豚卡通的债权债务由原公司自行处理，然后注销老公司。长江出版集团向海豚传媒派驻一名副总，一名策划总监，一名财务总监。2007 年，新增资达到 6 600 万。

2006 年

1 月，中共中央、国务院发出《关于深化文化体制改革的若干意见》，提出要大力推进文化领域所有制结构调整，坚持以公有制为主体，鼓励和支持非公有资本以多种形式进入政策许可的文化产业领域，逐步形成以公有制为主体、多种所有制共同发展的文化产业格局。

8 月，长江出版集团北京图书中心注册成立北京长江新世纪文化传媒有限公司。新世纪注册资本 200 万，双方都以现金入股，长江出版集团占 26% 的股份，长江文艺出版社占 20%，金丽红、黎波各占 17%，安波舜占 15%，还有几名创业员工各占 1 ~ 2%。金黎的品牌、渠道、资源等无形与有形资产都不作价，无偿交给新公司使用。长江出版集团向北京图书中心派驻一名财务总监。

2007 年

8 月新经典文化公司与北京十月文艺出版社共同组建北京十月文化传媒有限公司，启动资金 500 万。2008 年，公司创造 1 亿多元的销售码洋。

当年，北京汉霖文化发展中心与外资台湾麦克股份有限公司、国资河北教育出版社共同成立启发文化公司，主要出版面向儿童的绘本图书。

2008 年

5 月，北京当代华光文化传媒有限责任公司成立，它由当代中国出版社控股，福建华闽公司、当代实业公司、金光纸业（中国）投资公司参与投资，华闽公司、金光纸业只作为投资方，不参与具体业务管理。

5月，北京磨铁图书有限公司引入风险投资。磨铁以武侠玄幻、网络小说、青春小说见长，出版的《明朝那些事儿》、《诛仙》、《盗墓笔记》等系列在市场上连创佳绩。风投公司以财务投资的方式向磨铁注资，5 000万人民币（占不到25%的股份）分两次到账。到2009年5月份，磨铁已完成了对赌协议中规定的2 400万元净利润。

6月，北京磨铁图书有限公司接受华闻传媒投资集团股份有限公司风险投资1 000万元，占该公司注册资本比例5.65%。2009年华闻传媒投资3 400万元，新增投资后占该公司注册资本比例16.44%。

7月，国务院下发《关于印发〈国家新闻出版总署（国家版权局）主要职责内设机构和人员编制规定〉的通知》，为新闻出版总署增加了六个方面的职责，其中第四条是，“增加对从事出版活动的民办机构进行监管”。

7月，北京时代新经典文化发展有限责任公司与读书人文化艺术有限公司合作，新经典代理读书人所有图书的发行。

8月，新世界出版社与北京记忆坊文化信息咨询公司等共同投资，成立了新世界青春（北京）文化传媒有限责任公司，新世界社以40%的股权相对控股，杨雨前任董事长，记忆坊总经理颜庆胜出任总经理。随后，该社又与另一家民营公司合资成立新世界（天地）公司。

此外，新世界社还与策划组稿公司华夏书网合作，根据新世界社的出版特点，共同定制、策划、出版了一批市场图书。杨雨前表示，由于所有的渠道都由出版社发行，这样出版社的发行部门在保持主渠道发行的强势地位的同时，民营渠道的掌控能力也得到较大增强。按照这种模式，新世界社与北京读图时代文化发展有限公司的合作也即将展开。

11月，杭州贝榕图书公司总经理路金波率作者团队和运作团队加盟辽宁出版集团，与其全资子公司万卷达成合资协议。辽宁出资2 000万元成立万榕书业，万卷占51%的股权，路金波以旗下作者资源和品牌资源入股，占49%的股权。万榕公司设董事会，由万卷委派两人，路金波委派一人。万卷指派董事长，兼为公司法人。路金波出任总经理，兼万卷副总裁。万卷委派副总经理1人，兼财务总监。合资协议中，路金波承诺所持万榕的股权3年内不得转让，并保证不在万榕之外，以个人名义与第三者签订任何与图书出版、发行等相关业务的协议。路金波保证完成合同规定的三年内营业收入额和利润额，如未能完成规定的年度经营指标，路将从其按股份取得的收益中等额扣除，作为对万卷的补偿。

同年，辽宁出版传媒收购李克的智品书业（北京）有限公司。智品公司注册资本2 040万元，万卷公司和李克分别占其51%、49%的股权。随后，辽宁出版传媒并购汪俊的北京邦道图书有限公司的相关资源，并成立万邦（北京）书业发展分公司。

当年，河北肃宁、山东梁山成立民营出版产业园。

2009 年

1月，新世界出版社与郑州小樱桃卡通艺术有限公司等合资组建了新世界（郑州）文化传媒有限责任公司，开始跨地区、跨媒体的资本运营和资源整合。

2月，北京出版社出版集团与旅美作家汪洋合作成立了阅读天下（北京）文化传播有限公司。

3月，凤凰出版传媒集团与北京共和联动图书有限公司合作成立新公司北京凤凰联动图书有限公司。凤凰出版集团出资6 000万，并购共和联动。

4月，长江出版传媒集团宣布与英语学习品牌“王迈迈英语”合资成立新公司。后因资产评估意见不一致而流产。

4月，志鸿教育集团与山东出版集团达成战略合作协议，共同进行一些教材与教辅的项目开发。

4月，山东星火国际传媒集团与安徽科学技术出版社就图书出版发行、期刊合作、编辑发行人员交流等方面签订了战略性合作协议。

5月，新闻出版总署颁布《关于进一步推进新闻出版体制改革的指导意见》，明确出版单位转制进程，“除明确为公益性的图书、音像制品和电子出版物出版单位外，所有地方和高等院校经营性图书、音像制品和电子出版物出版单位2009年底前完成转制，所有中央各部门各单位经营性图书、音像制品和电子出版物出版单位2010年底前完成转制”。并在第14条规定：“引导非公有出版工作室健康发展，发展新兴出版生产力。按照《国务院关于非公有资本进入文化产业的若干决定》（国发〔2005〕10号），鼓励和支持非公有资本以多种形式进入政策许可的领域。按照积极引导，择优整合，加强管理，规范运作的原则，将非公有出版工作室作为新闻出版产业的重要组成部分，纳入行业规划和管理，引导和规范非公有出版工作室的经营行为。积极探索非公有出版工作室参与出版的通道问题，开展国有民营联合运作的试点工作，逐步做到在特定的出版资源配置平台上，为非公有出版工作室在图书策划、组稿、编辑等方面提供服务。鼓励国有出版企业在确保导向正确和国有资本主导地位的前提下，与非公有出版工作室进行资本、项目等多种方式的合作，为非公有出版工作室搭建发展平台。”

7月，国务院通过《文化产业振兴规划》。提出要“降低准入门槛”。落实国家关于非公有资本、外资进入文化产业的有关规定，根据文化产业不同类别，通过独资、合资、合作等多种途径，积极吸收社会资本和外资进入政策允许的文化产业领域，参与国有文化企业的股份制改造，形成以公有制为主体、多种所有制共同发展的文化产业格局。

9月，盛大集团旗下盛大文学与北京华文天下图书发行有限公司合作。合作后原有的北京华文天下图书发行有限公司和北京弘文馆出版策划有限公司均注销。新注册天津华文天下图书有限公司。

当年，北京崇文区创立出版创意产业大楼，对新入驻企业实行奖励政策，绿卡政策，50强企业扶持政策，新入驻企业融资担保政策，人才扶持政策，以及低租金使用政策。

当年，北京市新闻出版局酝酿在西城区成立北京出版创意产业园，对园区入驻企业采取新的管理模式，以市场为主体，在税收、资金、补贴、贷款、融资方面给予优惠政策。

有关民营书业的交流与探讨，

欢迎联系中国出版科学研究所民营书业发展研究中心。

电话：010－52257038

邮箱：green8150@ vip. sina. com